imagine!

Puzzle Workouts

WORD SEARCH

Book One

Christy Davis

An Imagine Book
Published by Charlesbridge
9 Galen Street
Watertown, MA 02472
617-926-0329
www.imaginebooks.net

ISBN 978-1-62354-088-3

Printed in China
10 9 8 7 6 5 4 3

10 Letter Words

```
U J K B L P D O Z X U X X D J U W
T D E U B V A E G F O K X B I M W
J L N V P T L A C I L O B M Y S D
M U A V E I V E D K J O Z S U M T
Y D H M J J U I R R N D O W J J S
E T P S C A R W C A V L I X E O T
T R O P E R F E C T I O N E B U Y
Q G L C E K C I T D O E M S E R R
S Y L A P C L A A I N R E N R N M
K W E O C B N R R I L R I E B A Y
X U C N U I I A R D V I B O F L V
S W D P Y T T U T A I K L D U I V
B O E J Y F O S N R C O J L Q S C
V R Q E B B F C U A O X L Z I M S
D G D I M G E N L O K P F O K M E
E O Q A O S G B Z A C G M A G M T
S U T P Y L A C U E P A A I Y Y I
```

ACOUSTICAL	IMPORTANCE	REPUBLICAN
BLACKBERRY	JOURNALISM	SOLIDARITY
CARDIOLOGY	MILLILITER	SYMBOLICAL
CELLOPHANE	OBSERVANCE	TAMBOURINE
EUCALYPTUS	PERFECTION	VICTORIOUS

Action Films

```
C R T T T P J S K I Y N U G P O T
O O C G C R D T R A E H E V A R B
N T N R W I U O S Z U T N W H T Y
K A I A E F N E I A R B O C Z C E
G D T H I M A R L A J F I Y M L O
L E A O A R D C N I P R R Y D E P
A R Y N T E H S E K E R O O G T Z
D P W E T A F S C O A S B P M H N
I A O N N O L O N H F M O I G A C
A T A T R E R R Y E A F T H D L R
T W C M F E D T E R I N W S B W Z
O B E N H U R L S C E L W E Y E U
R R S T A I W P O K A T A L I A N
S N W A D D E R A G L L B T M P Q
R O G I V E F T G L I V L T D O J
G N Z P D E S P E R A D O A W N F
R E T R A C N H O J O U E B X M H
```

ALIENS	FACE OFF	RED DAWN
BATTLESHIP	GLADIATOR	SPEED
BEN-HUR	GOLDEN EYE	TAKEN
BRAVE HEART	I ROBOT	THE ROCK
COBRA	IRON MAN	TOP GUN
CON AIR	JOHN CARTER	TOTAL RECALL
DESPERADO	LETHAL WEAPON	TRANSFORMERS
DIE HARD	PREDATOR	TRUE LIES
DIRTY HARRY	RAMBO	WANTED

Action Heroes

```
Z  P  J  N  K  J  B  S  A  A  V  E  J  O  X  Y  M
X  O  D  D  O  I  M  E  M  M  A  D  N  A  V  S  T
F  J  Z  H  N  S  X  O  K  I  U  P  O  F  J  C  U
K  K  Y  Q  K  E  B  W  K  O  T  I  S  G  S  T  T
V  G  Q  O  W  V  N  I  K  I  J  H  N  E  A  B  T
T  S  R  X  I  E  V  O  G  O  X  N  H  V  Y  D  L
Z  G  D  N  L  E  T  L  L  H  C  H  O  B  C  O  A
B  Y  A  M  L  R  L  I  Z  L  H  D  J  C  W  N  J
K  V  B  W  I  E  E  W  H  G  A  H  G  T  M  G  E
M  V  A  O  S  E  A  G  A  L  N  T  W  P  B  C  P
H  L  E  S  E  I  D  W  R  B  S  F  S  M  W  N  G
J  O  U  J  T  E  E  W  A  C  E  I  U  U  G  I  K
X  R  X  G  I  A  F  J  R  E  C  R  R  D  A  J  M
M  N  R  Z  V  F  T  U  W  I  C  G  A  R  M  Q  H
X  Z  E  E  G  Y  I  H  T  D  K  W  C  O  O  T  W
W  T  R  T  N  S  M  I  A  A  B  D  O  F  Y  N  I
N  P  Z  B  E  W  E  J  A  M  I  J  X  H  T  Y  Y
```

CHAN	JOHNSON	SMITH
CRAIG	JOLIE	STALLONE
CRUISE	NORRIS	STATHAM
DIESEL	REEVES	VAN DAMME
FORD	RUSSELL	WEAVER
GIBSON	SEAGAL	WILLIS

African Violets

```
L N S W Z L U A N N E J M T P T P
V A G A B O N D C A K A I H N A E
K N I N C E U V W G E Z P A R I N
H O E R H F O W M A R I I D Z Z T
Y F D Y E B T G B E M G D O P Y L
N F O V R T V O D R I K O N Y S S
C I G F Y M S Y S Y T L T S O M R
T H G I L E R I F C F V F I G L E
V C E R K O C K W N A Z R J E Z B
G W S C I M R C A A E I E A J V M
W T E X A S J I W N S I L H Y Q E
K A R T C E L E D H I Z B T Y H Q
O G E I Z I D A L A I T L B C G I
D D N X A F P O N R P A Z C E C U
V F I K O C V F A D Y M D N B D L
C V T X C E R I R O E L J C M P D
O K Y B B O B G L K L R T G U F T
```

ALZIRA
BLONDIE
BOBBY
CHERYL
CHIFFON
DEBBIE
ELECTRA
EMBERS
FIRELIGHT

FLOOZIE
FLORIDA
FOXY
GIANT
IRISH LOVE
ISLANDER
KERMIT
LOYALTY
LUANNE

NANCY REAGAN
SERENITY
TEXAS
TINA
TIZ RED
TOSCA
VAGABOND
WISTERIA
ZAP

Alliterations

```
F W T I H X A Z D D L E D J E Z U
E O Y P W R C Z D K Z D C D H K S
R R V H P S E I R F H C N E R F S
T R O A D R A G E L G E N J N J L
R Y K L H O O G A S G U Z Z L E R
O W N F F J K P B H B V H S D S Z
P A A H F A N C E E S Y T C H H M
S R T E R E T M U L A G K I E L H
L T K A P E H H A R N C P I O S U
I P N R V A N T E O T S H V O O L
O U I T W W R R P R H S E B C X D
P W H E B O E G U A F L R R U R H
S A T D M Y N O P B E I E A I M B
R F F E J I I E T T K W G P T Q I
H D R J P U H D T P C C D U G S L
L E V E E P T E P U I R A N R S M
M V P O I U R B T Q Y T T B W E R
```

BACK BURNER	HALF-HEARTED	ROAD RAGE
BEACH BUM	HEM HAW	SHIP SHAPE
CREW CUT	LOVE LETTER	SPOIL SPORT
DRIP DRY	MERE MORTALS	STAR STRUCK
FATHER FIGURE	PEN PAL	THINK TANK
FRENCH FRIES	PET PEEVE	TIP TOE
GAS GUZZLER	PING PONG	WORRY WART

Always Together

```
N F S Z U I O I E A Y F Z X T S R
R L S Q P O H D X F X N C A P Q J
H N U T S S H A O F E U T L U W Q
P L H Z S Y N E M W W U T Y L E B
O B L L H I F R U T N R E C U A S
R Q U O O X W H U O P S E Q I V C
W O E F R U S T E T Y W W T N E P
V A T P T B G L H E E X S F J R N
H N N I U A K B D I A H L N Y E M
M G F Z M C H E E S E B R M E V O
C S Q E A P V S K C N I X D A O G
E D S T Z O R B R I K A L Y O F T
Y F U N B X B O L T S E R J P M S
A C A A E Q Y B V C V W N T H E P
K B U K Z S C M X E T U H T T G K
B I E Z I N W A L S D W J U R W K
C A O A S O J A B U X M C U O Y F
```

BAIT & TACKLE	HAM & CHEESE	SHORT & SWEET
BECK & CALL	NEEDLE & THREAD	SURF & TURF
BOB & WEAVE	NEW & IMPROVED	TUCK & ROLL
CUP & SAUCER	NUTS & BOLTS	TWISTS & TURNS
FUN & GAMES	OVER & ABOVE	UPS & DOWNS

Animated Movies

```
Q  C  A  R  I  V  A  W  P  E  T  E  R  P  A  N  C
C  F  O  B  M  U  D  S  A  I  U  G  P  I  T  K  Y
P  I  Y  R  U  W  A  Y  L  L  J  R  B  S  R  A  Z
M  N  X  X  W  G  F  W  A  S  L  M  G  O  I  E  G
F  D  C  C  L  Q  S  I  D  J  A  E  Y  S  N  M  E
W  I  M  N  N  E  C  L  D  B  S  U  A  C  W  K  I
J  N  H  Z  I  E  L  L  I  U  O  T  A  T  A  R  R
K  G  T  M  A  S  V  A  N  F  S  H  P  G  M  X  A
R  N  M  G  U  X  R  L  I  A  E  Z  Q  E  R  L  Y
J  E  E  Q  D  U  K  E  N  S  T  V  T  Z  L  M  R
L  M  V  Y  S  E  E  A  T  N  A  R  Q  E  H  E  O
V  O  N  U  R  F  D  G  A  S  O  T  R  R  Y  P  T
T  O  I  H  C  C  O  N  I  P  N  E  N  V  P  G  S
A  I  S  L  B  F  L  D  O  Y  D  O  D  A  Y  R  Y
U  L  E  W  A  M  F  L  U  N  Y  L  M  Y  F  X  O
U  E  J  T  J  R  I  P  I  S  C  J  L  R  I  Q  T
A  I  V  Y  J  S  K  C  O  X  W  Z  A  P  J  Q  J
```

A BUG'S LIFE	DUMBO	PETER PAN
ALADDIN	FANTASIA	PINOCCHIO
ANASTASIA	FINDING NEMO	RATATOUILLE
ANTZ	ICE AGE	SHREK
BAMBI	METROPOLIS	TOY STORY
CINDERELLA	MONSTERS INC.	WALL-E

April Fool's Day

```
O J F H M S M H L B O L Y D A B S
M B Y S I O S G Z M A H N V R U B
R T L L U B T M V P C E M R U G O
D S O Z V K X V U S W W L Y N W N
P O R B X F N Q Y G D W N D U X Z
D F A T H Y G O M W Z J N P B D D
Y Z P U N K Z G U K F R X X J L A
Q U R F G R G D P T D Q N W V E M
I S I Z A B O M H D N F D H V C O
T A L F R J U Q F R G L I W E R N
X F H O J M B Y J Q S Q Z T Y M X
M M Z J O G P Q F D Y P B P U H D
Y E X Z M F I A M F B Z U F A I P
G P P S P D H K U H O B N D E J W
S L R E W X G K Q C S J X S K D T
Y Z X N R Y Q F D R V C X Z R R K
S M C O A W Q U O H Q X H Y Q G T
```

ANNOY	FOOL'S	PRANK
APRIL	HOAX	SILLY
DAY	JOKE	TRADITION
FIRST	LAUGH	TRICK

Baltic Sea

```
N C Z N K T E Y R E X H H O B K S
N Y L V X Z F W K S N S K O D D W
W W E G T T E C F D N P R O N L C
P H G X G A S U J A G N R A A A E
C Z I W Q P T V X E H D L P L S J
I C X I R D O R J O U S C C T R A
E P O R U E N L L D I N Z C O Q F
N A X Y S M I M A D N O D A G I Y
O F P S S E A R N N S A B P R K A
T C V O I E G A D S D V L U C L W
F T I M A J L E C A W E G N V B M
D G E R M A N Y I J X E P P I R C
W F B K Q M C V W J N F D D T F V
Z A J T A A T V T V P A N E Q Y H
B L T R K A I N A U H T I L N S A
L O K J L M A G Y V A S O A B Z B
J O W R B A L I I R R H J M C D D
```

ALAND ISLANDS	FINLAND	LITHUANIA
BORNHOLM	GERMANY	POLAND
DENMARK	GOTLAND	RUGEN
ESTONIA	HIIUMAA	RUSSIA
EUROPE	LATVIA	SWEDEN

Bandages

```
Q B R B G O P C O H E S I V E S B
W Z B F U A E U R E I A I Z X T W
B U H E L T C R Y F T X Y B Z E Y
H T B A S O T E U T U B U L A R D
G R F Z T T P E E S L W E T W I V
V I F T R A R V R V S Z L M O L W
P A O U T O I I H F U E E T V E F
S N A C K S S F P A L E R G E T I
T G H G E N P N G W M Y W P N H B
W U Y H M X I U E E R F X E T A L
S L D D Y O T T K T Y M B T C G O
H A K Y F R R E T G T R L I I Y U
B R D Q O X E E K E O G H L T R K
C H U L B I G N P S D T P T S B Y
B E L K C U N K B E J Q N O A Q Q
S E M T O K I A Z K R P K G L H D
R O E Z J B F W N K I C C W E G U
```

ABSORBENT	EYE PATCH	ROLLER
ADHESIVE	FINGER TIP	STERILE
BUTTERFLY	GAUZE	STRIP
COHESIVE	KNITTED	TENSOR
COTTON	KNUCKLE	TRIANGULAR
CREPE	LATEX-FREE	TUBULAR
ELASTIC	PRESSURE	WOVEN

Beauty Supplies

```
W G O L H Z C S C H N Z F F M E K
F H D E B S R Z S N V J S Q Z F C
O H E D K E A U J S T W F W B T I
U W P A Z N L W B R O T D Y E F T
N I O E D B O E Y T H L P B Y F S
D R E O S B B R Y D P E G R E C P
A W R Z P A A U I E O N F P L U I
T Z E Q T M L N K G S B N Z I R L
I S N H H D A O D H N H K A N L H
O F O B B I K H T A A I A O E E L
N I I R L R C N S I M K L D R R G
L G T F B L U V R R O F A R O S F
H A I R P I N S S D E N G Z U W Z
I L D W I B P T H R H R C A G C K
E J N K M R B O D Y S P R A Y Y X
Y W O O A K Z Z G E T R S Y E Z P
M Q C Y D G F P E R F U M E G R L
```

BATH OIL	CURLING IRON	LIP GLOSS
BLUSH	EYE SHADOW	LIPSTICK
BODY SPRAY	EYELINER	LOTION
BODY WASH	FOUNDATION	NAIL FILE
BRUSH	HAIR DRYER	PERFUME
COMB	HAIR SPRAY	SHAMPOO
CONDITIONER	HAIRPINS	TWEEZERS
CURLERS	HEADBAND	WIG

Begins with Y

```
I  V  L  I  Z  L  V  N  N  L  V  A  Y  B  Z  R  P
E  F  I  Y  Y  O  G  U  R  T  F  K  B  R  K  U  A
N  E  J  I  U  O  E  M  A  S  F  L  A  M  Y  P  F
E  T  P  K  P  M  H  A  Y  G  E  O  A  T  F  S  K
J  W  S  P  P  S  M  D  L  E  I  Y  Z  K  K  Y  C
A  R  I  A  I  L  S  Y  K  K  O  O  Z  V  B  A  N
D  Z  M  D  E  Y  E  N  L  G  K  Y  M  G  G  D  Y
K  C  D  D  F  Y  A  Y  A  C  L  O  V  L  N  R  T
M  I  H  D  R  Y  F  U  Y  Y  Y  P  N  E  Z  E  Z
Y  G  T  Y  E  A  R  X  Y  O  A  R  C  B  Y  T  Y
S  U  U  L  G  K  Y  A  U  U  K  O  R  Y  R  S  D
Q  E  L  N  A  W  C  N  U  T  L  E  T  H  S  E  Z
H  O  C  E  C  H  G  U  V  H  B  Y  S  J  G  Y  Q
W  X  K  I  T  Y  N  J  Y  J  J  P  E  F  Q  G  L
S  D  C  S  S  I  D  W  X  U  K  N  W  A  Y  X  W
L  K  K  N  R  E  D  N  O  Y  T  O  Q  Y  H  I  E
H  Y  E  D  M  Z  V  E  O  W  M  G  H  K  G  A  W
```

YACHT	YELLOW	YOKE
YAK	YELP	YOLK
YAM	YEN	YONDER
YANKEE	YESTERDAY	YOUNG
YARD	YET	YOUTH
YARN	YIDDISH	YO-YO
YAWN	YIELD	YUCK
YEAH	YIPPEE	YULETIDE
YEAR	YOGA	YUMMY
YEAST	YOGURT	YUPPIE

Blank of the Blank

```
Q T H H X V Y E O P I F Z V L E H
B I W Y U C O H R Y U T G U X J W
M V D N L S O E L Y L X L U H I U
D A Y L I O E C M O O I V H X K O
D L E T X R O A D G F Z L M P M O
P L G R P W R E Y E K O K I A U I
P E L H C C A P D N P H M G A Q N
F Y U H H P L V T J I O N T P T E
M F B L S Q A J M D O U T I K V N
K I N G T I U R F L R S G P M C N
O H L I Z S O P T P A E H N U R M
Q K E L T T A B K Y I D B E E O L
X Z U I S G A V A S K L Y A V P I
O E C H I C K E N M F E Z B G J T
A E X F U R M Y H Z J T V P D X Z
F I T G U J Y I B U T Y E T I B E
F I W M V T E I G U W B E E I F R
```

BATTLE _ _ BULGE	GIFT _ _ GAB	LIFE _ _ PARTY
CHICKEN _ _ SEA	HEAT _ _ DAY	LILY _ _ VALLEY
CREAM _ _ CROP	JUSTICE _ _ PEACE	MARCH _ _ PENGUIN
EYE _ _ STORM	KING _ _ ROAD	RUN _ _ MILL
FRUIT _ _ LOOM	LADY _ _ HOUSE	TOP _ _ HEAP

Body Verbs

```
N F W U N F O T H H Z B N R W B U
P Z Y Z K I N B M L C Z M P Z N L
O J B I T E T G U L O T R N Q J L
Z G L O F W G V T T Q T A G T K U
S K I W I R U W T R S A J R L L U
S E N N H S R E E O A S C A C V D
D E K S S I H P R H W T T E U S C
C P O I N T S M I A C E T H B Z Y
N W K G R I V T L A T U R U Y J A
T O U C H P F L L E M S J I A E P
H J H W W D O F Q E M Y S V D J U
V P A J Z W R R E I F G O D S P G
M T N B K C I K L R I F N W P L X
F O M E H T A E R B E E H I A M T
D R V H Z H C Q L Z B E K N X L N
O R V E S C T B B P A L C B C O K
F M Y L V Y A S I Z K E C W I B U
```

BITE	MOVE	STARE
BLINK	MUTTER	STUB
BREATHE	NOD	SWALLOW
CHEW	POINT	TALK
CLAP	SCRATCH	TASTE
FEEL	SHAKE	TOUCH
GLANCE	SHRUG	WALK
HEAR	SMELL	WHISPER
KICK	SMILE	WHISTLE
KISS	SNIFF	WINK

Bowl of Cherries

```
X N I T U E U K R L N P R M N Z E
S D A L R Z O A O N O E Y R R N A
D C C P N A T L M C B T Z E O T O
K H H Q O S E W L A H N G I Y C N
U O H M H L F H N E I E Y N A D I
E K O T I Y E I T P R K L I L T H
E E R R K D T O A E A O U A A D C
E O J O B N T L N H E E M R N G S
N D T N A I G H A T U W T C N Z A
I A M S E B Y L G K T A S I O S R
J B A B L B A Q K I R T B Y N J A
W N S A Y M A I E I S U I Q K E M
R N C G B D F T A C E K N R C T S
V K A E V M O N T M O R E N C Y C
N G R V A N Y B Z W H J V E W U B
E T A L R D U D B U Z H F U N B Z
Y H S I N A P S J X V T P U T A Y
```

BING	MASCARAS	SCHMIDT
BLACK	MONTMORENCY	SKEENA
BROOK	MORELLO	SPANISH
CHELAN	NAPOLEON	SWEETHEART
CHOKE	NORTH STAR	TARTARIAN
LAMBERT	RAINIER	TIETON
LAPIN	ROYAL ANN	UTAH GIANT
MARASCHINO	SANTINA	VAN

Business

```
G Z L N P K S T S O C P N O A G G
K S S Y A D Z E N L R G R A H C D
N F T T L M O Y L Q J C K O T A T
J E N I S P E C I A L T Y I F P Z
R A U L R E N W O Y S N L T E I S
M N O I T A C O L R S E Q Q J T T
O X C C A R D N I M N A U T N A B
B A C A R E O S A N A I L E G L I
V E A F G P K M O R P N I A P W N
C H N A E S R S S M U L A A R F V
Z K M E T C R I E R C S Y G T Y E
S I O X F E N N C R O R N E E S N
L V M E P I T A E E O D K I A R T
A R O J W E T N N L K R N P G E O
O H U L D F T S L I A Z X E J Z R
G L I C E N S E V M F K B A V I Y
J S J Y I W E F G C E N N T T S M
```

ACCOUNTS	INSURANCE	PRICE
BENEFITS	INVENTORY	PROFIT
CAPITAL	LICENSE	RENT
CLIENTS	LOCATION	RISKS
COSTS	MANAGER	SALARY
EQUIPMENT	MARKET	SALES
FACILITY	NAME	SPECIALTY
FINANCE	OWNER	TARGET
GOALS	PAYROLL	TAX
IMAGE	PERSONNEL	VENDORS

Cajun Spice

```
M X Z G N S V L F T T O R E P T C
M H B F I L E P O W D E R E N C M
T N C S B O U M X D C K X Y M Z S
Z H A C J W R E D N A I R O C W R
Z Z Y Z S D I T O R R S V D D U B
V V E M L S P Z C V A B R W R L H
D N N Z E A R W G U W F L J A E L
D P N C P A S E M I A C Z C T F H
Z R E R U A C O P A Y M K Z S B Y
G Y I O G M M N O P S P R Y U K B
S K O E A A O N A G E R O X M I A
A E F E D I C U D P E P G G Y W Y
O U V R N B Z I P J D Q E H R O I
Y A A O K P A E L B S L R T D K I
L C Q M L Q R S E R R J L U I F A
L N I M U C O S I N A A Z D U H I
A D R Y F M J W C L S G E C Q Z W
```

BLACK PEPPER	CUMIN	OREGANO
CARAWAY SEEDS	DRIED BASIL	PAPRIKA
CARDAMOM	DRY MUSTARD	SAGE
CAYENNE	FILE POWDER	SALT
CLOVES	GARLIC	THYME
CORIANDER	ONION	WHITE PEPPER

CareFlight

```
Q W L C D E R U J N I B W J B N U
J T E A A I T X U I S K Y R S P T
R J R R C R N I V P U F T R P R C
S E O E C I E D E Z B T G U A W T
Z M T I L R D C S R E D D U R R Z
T H C P D H I E J A E Q M B A B B
E W O G O A C A M T D A C N M Q A
W M D S L C N R A O C V S R E G M
S U E I P X I C A R R P T U D Z B
P O S R O I I L I E O E R L I T U
B T T J G D T T E R S T A C C L L
S M B P E E I A T H V G I L A K A
P L M D J C N Q L Q P N F I T P N
D M F I A F P C I K L U I O G R C
F B D L I R P W Y X V M W D S A E
R E S C U E G N I V A S E F I L S
M F D O M U A P K K B P Z T S T S
```

AEROMEDICAL	EMERGENCY	PARAMEDIC
AIRCREW	HELICOPTER	RESCUE
AMBULANCE	HOSPITAL	SEARCH
CARE	INCIDENT	SPECIALISTS
CRITICAL	INJURED	TEAM
DEDICATED	LIFESAVING	TRANSPORT
DOCTOR	MEDI-JET	TRAUMA

Carved in Stone

```
A N G K O R W A T J B W W E N U C
Q E R O M H S U R T N U O M Z D U
O U X H S M F O M T A M B I S B I
M D T O S E U T B S E M G Y B S E
A A I U B E T Z A J G P Y V T T C
R R B E B M V N A I N I J K B O Y
U O E U S M A A L D L N D J L N O
P L A I S R I A C Y H I Z A E E B
I L W Q O I C N C N J B L L G H C
L E Z T B L M I A S E I F X D E X
A R M F I A A B A R B M X B L N O
B I A F N N V M E E Q V G G L G Q
A Q F P T V I D L L I I V N O E Z
H S M O H M X A Y A J P Y O O M X
A T M P A S E N O T S A C I H L H
M B D J I W A M K L V E D N D D Q
S T J H A J A N T A C A V E S H I
```

ABU SIMBEL	ICA STONES	MOAI
AJANTA CAVES	JAMI MASJID	MOUNT RUSHMORE
ANGKOR WAT	LALIBELA	PETRA
DAZU	LONGMEN CAVES	QUTUB MINAR
ELLORA	LYCIAN TOMBS	STONEHENGE
GILA CLIFFS	MAHABALIPURAM	TORANAS

Castles

```
R B E L C R O S D N I W C D X M F
M L L P A H A B Z G G O J B I A L
L B T A E E I L E A N D O N A N V
G C M N R O B G E W D A S W G E B
J J A I N N M Z A D G Y C S S S R
I Y S E A I E Y N O N N O C E U D
E U G A R P S Y E O L U I W J A X
U S R D F P B S T D S H R R F H Z
S Q R V O U H O O B I U O A S G I
Y I B O N V M I Y L R N L R H R H
G S R V O U E B L Q O K B I C U R
N I P A S L E R U L C K M U A B B
P G C T M L F H B I Y E L X R C Y
H Y A I V U A R W X J E Y T D G P
I M R O A R A N Z I Z D N Z E Z H
F T I B T N L E V M A L B O R K Z
P R E D J A M A B P N U K M H E R
```

ALNWICK	CAERPHILLY	KOLOSSI
ARUNDEL	CONWAY	MALBORK
BEAUMARIS	DOVER	MATSUMOTO
BELVOIR	EDINBURGH	PRAGUE
BLARNEY	EILEAN DONAN	PREDJAMA
BRAN	FLOORS	TRIM
BURGHAUSEN	HIMEJI	URQUHART
CAERNARFON	HUNYAD	WINDSOR

Cheeses

```
I  V  A  N  N  I  F  E  L  A  T  N  E  M  M  E  C
G  A  S  V  L  M  N  N  I  P  T  D  O  W  B  A  H
N  L  B  T  G  U  M  O  E  P  Q  F  N  J  M  N  E
W  E  K  D  I  O  Z  L  R  G  E  H  A  E  E  R  D
D  N  Z  R  Y  L  E  O  V  E  N  C  M  R  F  Q  D
M  C  I  M  Z  L  T  V  C  N  G  B  O  L  D  E  A
Z  A  M  O  R  A  N  O  G  X  E  R  R  R  W  Y  R
G  Y  G  W  W  H  M  R  N  R  J  I  U  W  I  H  C
W  O  N  E  A  A  D  P  T  P  W  E  Z  B  L  N  Q
Y  R  U  A  T  R  O  F  E  U  Q  O  R  A  M  A  O
H  L  P  D  W  C  N  M  M  O  E  E  B  H  M  I  Q
B  A  S  I  A  G  O  Z  A  L  R  A  V  E  F  U  L
M  M  L  I  V  A  R  O  T  D  Z  K  R  R  M  F  A
J  W  R  H  N  I  O  T  G  A  S  I  X  V  E  C  O
E  B  G  D  L  N  E  E  I  Y  C  A  F  T  L  H  W
U  I  P  H  X  N  Y  D  C  A  R  S  A  V  P  M  E
F  R  E  B  E  Z  I  P  N  C  U  W  X  M  B  R  T
```

AMERICAN	GOUDA	PECORINO
ASIAGO	HALLOUMI	PROVOLONE
BLUE	HERVE	ROMANO
BRIE	IDIAZABAL	ROQUEFORT
CAMEMBERT	LIMBURGER	STILTON
CHEDDAR	LIVAROT	UBRIACO
EMMENTAL	MAASDAM	VALENCAY
FETA	NETTLE	ZAMORANO

Chocolate

```
B D Y K D T Y W H I N R X J L F P
A J R R I K S N S X R P B S Y F I
E O E J O S W C N S E H F Y P F O
B K C L M T S H S U O I C I L E D
G P D O L G C R I A B E N Q A T H
C V O P C Y O A B T L W F W M E F
Y T B A F Q B B F B E R Z I O M I
H T R U F F L E A M O G P L F R V
Z O D P S Z K T A S G A W L W U B
G G Y M A R C M T N N G K Y X O P
E O F Y A E P I H C I Y F W Y G K
W B A D L E N L A T H W X O N K G
Z F K E I G R K B D T S F N G N W
B T D K D M E C V O O X N K Z E Q
N M O M O U S S E A O L G A U K Q
D O C H T C Y H A C S D C Z V K G
C I G N I D D U P E I K C H U N K
```

BAR	DELECTABLE	KISS
BROWNIE	DELICIOUS	MILK
BUNNY	FACTORY	MOUSSE
CAKE	FROSTING	PUDDING
CHIP	FUDGE	SMOOTH
CHUNK	GOURMET	SOOTHING
COCOA	HOT	TRUFFLE
COOKIE	ICE CREAM	WHITE
DARK	JELLY BEAN	WILLY WONKA

Chocolate Buddies

```
B I R S I J O R A N G E D N T W A
T F E R O A F X R V W Q O Q S M P
W U G B U A T E L P A M Z V R Y C
Y Q N N D W N J Q N A N L E E T U
O C I O A R A A I N J V I Z W P K
W Q G M C R A L N D R H Q L O W W
A F U E M O P I M A B L U R L Q I
L Z J L Q C C C S O B F E Y F A E
N D L H R X A P M I N T U M S E O
U C D E F R B I O A N D R L F I O
T L A S A E S O C S Y Y G F O O X
X M T M R A J E Z T B E O X L P S
L Y E R N H P I S T A C H I O T U
Q L Y R R E H C D Z J H M M T O Y
E O L E V U F O S M Q J C F V D H
N U C L M Z S I F S P E A O S P Z
A T N H Z P A E W W W V W A M V U
```

ALMOND	DATE	ORANGE
BANANA	FLOWERS	PECAN
CARAMEL	GINGER	PISTACHIO
CHERRY	LEMON	RAISIN
CINNAMON	LIQUEUR	RASPBERRY
COCONUT	MAPLE	SEA SALT
COFFEE	MINT	VANILLA
CREAM	MOCHA	WALNUT

Civil War Generals — Confederate

```
F L P F Q Q O B K T G R J T F N S
T W K O C E E B B B F K N E A X V
U R Z D G H E K D W X H F E T L U
P Z A G G E T L J J H A F R M Y D
D E A U Y B S O M T I M N T C N B
X R W P T Y I P I G L P M S Z I W
B D A E T S I M R A L T U G L D P
T J H G L P S M N E J O A N F R Q
J U A E E L K O D I N N V O Q E H
Z O C C Z R T H O O D T R L J D N
I K H L K R U O D E B R I W P N R
P Z E N E S U A R I E W E F H A J
H V Z B S W O S E S W N S A O X R
C Y M C F T O N T B C W R D R E I
N E U K Y N O W C Z Q D H M U L B
P C L E B U R N E N E L B T I A Y
O X A D S U M Z P E P I C K E T T
```

ALEXANDER	EWELL	LEE
ANDERSON	FORREST	LONGSTREET
ARMISTEAD	HAMPTON	MOSBY
BEAUREGARD	HARDEE	PEMBERTON
BEE	HILL	PICKETT
BRAGG	HOOD	POLK
CLEBURNE	JACKSON	SMITH
EARLY	JOHNSTON	STUART

Civil War Generals — Union

```
X M E M G Y M D Q N H T N A J N R
U Y E I P A N C W V N E I C M A O
S K N A B N I X A A M H B C G D S
F G A U D D A P R R T E D B X I E
B J M I Q E J G E D T O E U B R C
X W R M O R G T S R W H N F W E R
F X E E W S H E K E E A U O K H A
U D H T Y O C J L C L T B R R S N
D U S D M N Y L N L O G S D Z N S
I L Q A E Y O E E S R C F U F U E
A T S R B U T L E R E G N S C D B
H O W A R D C C D L P L L A I G H
I A M G L C M E E S O G K S H O O
L N R Z M S V N S X P Y N C O B J
J L E S Z X L E J L T R I K I K J
Y A D E L B U O D M U B E T K T U
G M M I Q C H A M B E R L A I N S
```

ANDERSON	GRANT	MEADE
BANKS	HANCOCK	POPE
BUFORD	HOOKER	REYNOLDS
BURNSIDE	HOWARD	ROSECRANS
BUTLER	LAWRENCE	SHERIDAN
CHAMBERLAIN	MCARTHUR	SHERMAN
CUSTER	MCCLELLAN	STICKLES
DOUBLEDAY	MCDOWELL	THOMAS

Collective Nouns

```
Y A P G F I R F U J K C U Y E B T
G R Z M C A T L W G R O O K E R Y
V E E T U P Q F F L E T W V F A S
M T C T L L Y G E M U B E D E C P
U C I U T G P G R V N K R N P Y J
W P G E U A P G I H E M E R R I F
Y D A I R R B S B T V R T I V K J
M M E G E S I A T W C G S D A L K
G N U T H G I L F Z T O U F H J Y
B N T O B W E V O R D J M Y S P T
J I A N F Z S O F K F V U P P S F
L L R G M K I H S P R U E K A W Y
A W O R O P V U D R U E Y C C N X
D N A B I C H O J R I V G T K B Y
U W I L S M W N L U E S U E J V Q
S H R E K N P D V B B H M Q I I U
Y L I M A F C O L O N Y G O Q S S
```

BAND	FAMILY	PACK
BATTERY	FEVER	PLUMP
BEVY	FLIGHT	ROOKERY
CAST	GANG	SHOAL
COLONY	GULP	SIEGE
COMPANY	HERD	SWARM
COVEY	HUSK	TEAM
CULTURE	KETTLE	VENUE
DOWN	LITTER	WAKE
DROVE	MUSTER	WALK

Common Acronyms

```
F  M  J  B  T  G  L  N  P  F  D  X  P  J  T  O  W
G  K  G  G  S  A  O  R  M  T  R  H  N  P  Z  S  I
N  P  I  V  V  A  P  T  E  E  S  I  S  R  V  A  U
S  F  M  C  B  A  T  K  G  S  V  D  K  G  M  R  E
M  H  X  F  G  O  E  W  X  M  P  W  L  N  E  A  O
Y  I  L  J  W  X  Y  A  I  V  E  N  B  A  S  C  U
L  E  G  F  C  P  R  B  I  O  U  P  C  V  M  S  H
Q  X  N  A  N  S  D  T  L  L  Q  F  V  H  B  A  N
P  J  V  F  A  N  T  D  C  H  M  B  B  B  H  N  P
G  H  I  D  W  Y  I  M  D  H  A  A  M  B  T  G  F
C  D  C  L  S  F  G  P  A  S  R  Z  W  M  L  Q  Q
L  N  T  B  W  M  Q  I  A  A  R  H  M  C  C  Q  R
A  J  A  R  S  W  H  P  E  K  P  F  X  A  U  M  E
H  D  G  F  V  N  R  P  A  M  X  R  N  V  T  Z  O
D  P  Y  H  X  C  B  N  U  H  G  L  Z  K  D  R  K
P  I  D  J  T  L  S  S  V  E  H  K  F  G  D  V  M
W  B  D  K  T  I  A  G  I  G  E  M  O  B  P  X  S
```

AAA	ESPN	MPG	SSN
ABC	FYI	MPH	TBA
ABS	GMC	NASCAR	TGIF
APR	GPA	NBA	TLC
ASAP	GPS	NBC	UPC
BBB	HAZ-MAT	NFL	USA
BLT	HDMI	PIN	USB
BMW	HVAC	PTSD	VIN
BYOB	ISBN	RSVP	VIP
CBS	LCD	SAT	

Common Prepositions

```
L S J Y W I T H O U T C U X G L N
E G P G B T B M G C R U O D V J Q
D D W K Q S R T Z E H V N D M M Q
T N I O H A U G D I B J T N B P G
W O I S S P B N C H G U O R H T M
O Y W H E B U O T A W S N W B X R
N E Q A E B K M V I S M I L E I J
E B T U R B I A O E L T P Y N G B
Z N P D I D R M J R H N N T E I W
F I A C R O S S B I F E O X A O Z
S N O P U E U T N F E A K H T Q D
M I Z N E S V G F W N R E S H R E
E P D I M A N O T D B B F B A M E
M V Q S B O E E D Y G W I O G O D
Z O A O L U B H W O L E B Q C P K
S I U A F T E R H Q W A Y X B X T
D T X W D T Z O F F I N G X R J U
```

ABOARD	BELOW	ONTO
ABOUT	BENEATH	OVER
ABOVE	BESIDE	PAST
ACROSS	BETWEEN	THROUGH
AFTER	BEYOND	TOWARD
ALONG	DOWN	UNDER
AMID	FROM	UNTIL
AMONG	INTO	UPON
AROUND	NEAR	WITHIN
BEHIND	OFF	WITHOUT

Cooking Scramble

(Unscramble the words in the list, then find them in the grid below.)

```
I  A  U  F  É  K  R  Ú  S  Q  N  N  N  K  A  I  C
K  S  O  O  E  R  S  O  Y  G  H  R  I  D  H  S  D
U  D  E  U  D  E  S  I  A  R  B  K  L  C  E  M  Á
U  A  E  Ú  Í  V  É  D  H  S  I  G  Y  I  M  H  O
Z  Ó  S  R  B  I  T  L  P  W  T  A  P  K  I  D  L
Ó  Y  C  U  H  L  U  O  I  Ú  F  R  Y  M  N  Á  D
O  E  Ó  T  I  S  A  F  H  C  F  N  Y  Ó  C  D  F
S  C  D  O  G  C  S  N  W  É  R  I  G  E  E  G  D
D  Z  R  K  H  A  Z  E  C  I  L  S  R  Z  Á  I  V
C  B  R  A  H  H  X  R  M  H  V  H  I  U  C  J  D
H  Í  J  H  F  Y  S  A  A  Ó  E  R  N  E  E  Á  W
O  G  R  F  E  G  R  A  T  E  E  G  D  W  S  G  R
P  O  U  N  D  I  Q  I  M  D  S  P  R  H  V  J  B
P  T  H  Ó  N  P  Ó  M  N  L  L  I  D  I  U  F  J
S  C  R  A  M  B  L  E  T  S  A  B  D  I  L  W  W
K  V  T  E  G  M  T  G  H  R  E  N  C  A  Í  L  Y
U  E  D  L  U  Y  B  A  O  C  É  E  G  J  S  Ó  E
```

SAETB	RATGE	TAUES
CHANBEL	GILLR	CMSLBARE
IABSER	NRIDG	RSAE
ROBLI	JUCEI	RESDH
HCOP	NRTMAIAE	EICSL
DIEC	MHAS	ELVRIS
LLID	CMENI	UTFFS
FLDO	CHAOP	IZEENRDTE
YFR	OUDNP	IPWH
GSIRAHN	RAOST	SKIWH

Cover Me

```
N H N T D L V E K P Q F X D R R N
R I P E L C W L P S X J Y Z J D O
T T T N O T E L E K S O X E P J T
O X C A E S T O P I R K N I T F L
Y E Y R R X C T J N Y A F C E Z A
H D H B Q E L H F Z I U B A A U C
S I Z M C U K E P P R U T R G V Q
D H Y E E M I P E U J H D T C P N
R N E M Q I E L X R E U G I U B T
R L I L M E T O L R S N H L A J P
F L H R L A I O S S E O Y A O M E
S G I G S X N W O S Y T Y G A Z S
B A K M B A O K C O P Q V E B W K
H W X G G K R A T P I L V X F C N
X A Q Y D J L M A V C Q R X F I R
G O C T N E K H O Y O T M Y W W L
Z S B T S U R C L R B Z P W N L F
```

ARMOR	FUR	QUILLS
BARK	HAIR	RIND
CARTILAGE	HIDE	SCALES
CRUST	KERATIN	SHELL
EXOSKELETON	MEMBRANE	SKIN
FEATHERS	PEEL	SLIME
FLEECE	PELT	WOOL

Crickets

```
Z R X X F D A Y L K L B K R U P D
Z V P Y N I M I J I V F N D W R J
M B P S S X A O G B O I N Z Z E Z
Y L A C S T S H R T U U E W Q T B
T P L L D J T W X M O S Z J I I D
F V X R K E Q M K R O Z H C J B E
Q R O R R A S G G V L N P Z E T E
L W L J T E N U Y P Z J B T R R R
S P I D E R D S O U R B N R U A H
E M W X L N E A A H Q A M E S W G
V F O F F C L V E W K F Q E A Y Y
S U O L A M O N A R I B Q B L K J
B R D V N I M K K E T N J D E R N
E T E G C A M E L O J D G M M X A
Y K V E L R X D X G Y U N M H G A
I R A K I K R B C Z E S X A I T S
T B B H Q Z D H I D T M M X S H X
```

ANOMALOUS	GROUND	SAND TREADER
ANT	HOUSE	SCALY
BALKAN SAWING	JERUSALEM	SPIDER
BUSH	JIMINY	SWORD-TAIL
CAMEL	LIGHTER	TREE
CAVE	MOLE	WART-BITER
FIELD	MORMON	WOOD

Crock Pot Meals

```
C W Y M S G H K A E T S D N U O R
A C W T N E C J Q I D Y O B D T I
W S L Z I D I T A E L D T W J S S
T Z I A E S I K D U X I R O V A M
A P G U M B O N O P L K H F D O E
E J W O W B K I P M U Q F C S R S
M L S H O R T R I B S O I Q O T N
E T Z S H P B H P M N E S S E O S
A N E K C I H C F A E Z L W W P N
T T S K V S O P G A L A S T A P A
B P W A S Q N O J B J C T G T B E
A T J N U I R R G C Y I H L Z I B
L W Z E W T R K M E O E T M O D L
L R S E S Z K B K W T Y O A J A L
S O Z P C K C R Z T C K Z C S Q F
F A N K Z X U N I L W C M I T P H
G G D I R T E D I Q U Q X F F S K
```

BEANS	LAMB	ROUND STEAK
BRISKET	LITTLE SMOKIES	SHORT RIBS
CHICKEN	MEATBALLS	SOUP
CHILI	MEATLOAF	SPAGHETTI
CHOW MEIN	PORK	STEW
FAJITAS	POT ROAST	STROGANOFF
GUMBO	QUESO	TURKEY

Deserts

```
D W Y O T L R N A U H A U H I H C
H I G F R A Q U K U O P T N B O H
Z K Y Z Y L K U M A N O G I S V T
W U Z M H F G L F L L K M O I B G
S L T H U E R J A H C A V Q B R X
I E F T S K E S H M N W H M E I X
W K Z M Y A A A I C A B M A K L N
N Y K C R I T R O M H K T B R A R
K D Z A I O V G A R P B A Y I I W
E N H E A T I K A K A S Z N U N R
K A F P N B C H E S G I O C E A X
S S H U S W T R I V M G I N T I Z
T T C O L Y O N A N A E M A X B S
W A N J K G R M W T X J C U N A L
Q E X B Q E I I A U N A O P U R P
M R L B K Y A P T M M A H M J A H
P G N A R O N O S A Q H N D V G G
```

ANTARCTIC	GREAT SANDY	PATAGONIAN
ARABIAN	GREAT VICTORIA	SAHARA
ATACAMA	KALAHARI	SIMPSON
CHIHUAHUAN	KARAKUM	SONORAN
GIBSON	KYZYL KUM	SYRIAN
GOBI	MOJAVE	TAKLAMAKAN
GREAT BASIN	NAMIB	THAR

Double V

```
O T I X B C H U L F P N R R J N B
G Y Q E R V P F S K I V V I E S O
W A K V D E I V V I H C P X L A V
D K L B I Y V S O F S U H P E G X
U Z P Y S K H V K D E J F W J Y W
M K K Y K C N S E I I T L W L J G
I R Q Y I A E M P D V O H P R I J
C M R V V I G C A G V V V Y V M E
H G V V V V D N G J A P I E G F A
I Y Y V Y E A U I R S Y V E U I C
V A I I I V L S F V V M J E D T Y
V D I V V I E D L V V Y B U B V L
I O V I G K Q L I J R E H Y V A R
E A E H P I J D R S O M R I Q I O
S S E I V V I C J Q W W H E S A I
V X Y Y X Y J X I W D C S A V Z V
R B W J E I F T O Z X L M X Z B P
```

CHIVVIED	DIVVIES	SAVVIED
CHIVVIES	DIVVY	SAVVIES
CHIVVY	NAVVIES	SAVVY
CIVVIES	NAVVY	SKIVVIED
CIVVY	REVVED	SKIVVIES
DIVVIED	REVVING	SKIVVY

Drink It In

```
P G P G S B N P T Y U V G B Z G X
Y W I V W W D R K V C D W G N A J
S X Z N E K N V Z B R C S B G K K
T P D F I L A W J S U N X E E S V
I H A I S L W K O I N S B O B L M
F M M G C M Q K W D G I T C U Z U
N C I C Q Y G Y N J B P P D E H A
X W O A M F U R W M Z P L A B R D
S E D N N F V K I O M W F Q M M W
L L I W S A I R C R L A E G B H S
M R O S W U O M K A C B T S I C S
U A O L Q Q M Y P J B B V W Z W W
I F G U Z Z L E C D A K L Y A H S
K K C R E G N E Z U S E C L Z I T
P F W P L U G G T J O X L O O O J
S F T U B E B Q N O X O N K N U V
J P G V M O W J A X W K G B L K P
```

CONSUME	IMBIBE	SIP
DOWN	KNOCK BACK	SLURP
GLUG	LAP	SWALLOW
GULP	NIP	SWIG
GUZZLE	QUAFF	SWILL

Edible Roots

```
J W R N E D Z B N R O F P J X Z Q
T G A C I R E M R U T T I L C E D
E S T K K E P Q M T B O C B Y O D
R V T O T W R V I A M E R L Q R Z
E A E X C D K M S B L G S R P A B
G X D N R K Y Z K A I A N G A G R
N O R I B B F E U G W D N Q G C H
I P A R S N I P M A F J P G E E Q
G K L N Y H S N N G A X S L A M D
R B Q R Y A L D N T Y P E J V X Y
I N P K J V A E J J N R N T W B D
A F W I N Z S C Y G I G O L J J Y
F C K V N N L X P A O Y A C O I J
X O W A I R S S C J G V V F I D V
Y K R G I B U R D O C K U P W H A
J B B I C P U T O E U L R V D H C
T T Y U D K R W O U G F Y O D Q J
```

BEET	GINGER	RADISH
BURDOCK	GINSENG	RUTABAGA
CARROT	MALANGA	SALSIFY
CELERIAC	OCA	TURMERIC
CHICORY	PARSNIP	TURNIP

Ending in X

```
M F R R L F U L T X G C N E X U P
X R R X I D N E P P A H M V X A R
U J R E A O R G A M U T W Y R O B
R G G D F R P Q S F E T F A U P S
C V U N D L H H F L L H D L F I U
W B Y A U X U T E O K O C M E T Z
Q I K P E A O X N T X R O M B X J
J X L S O M X R X A U A N Q A O K
S X E D N I G K E S I X V X E K X
A G L N R L W K T X U U E G O H D
I X O T N C P W A X K L X X Y K Z
A I A M U A H P L H P X D X D Y U
W M W X O Y S X Z O S X A F Y C X
X N I H P S X Z R U A L N T I J I
P J N H V O R T E X E L M D N C F
M M W X I F E R P R S F M S E Y I
E N O V Y M P D F Q N R A N B B S
```

ANNEX	INDEX	SOX
ANTHRAX	LATEX	SPANDEX
APPENDIX	MATRIX	SPHINX
BOX	METROPLEX	SYNTAX
CLIMAX	MIX	TELEX
CONVEX	PARADOX	THORAX
CRUX	PREFIX	TUX
FAX	REFLUX	VORTEX
FLEX	RELAX	WAX
FOX	SIX	XEROX

Falconry

```
G  S  S  M  F  X  B  F  S  A  L  J  O  V  A  B  Z
P  I  W  B  S  S  S  K  O  G  X  E  C  W  L  A  G
L  W  D  Q  Y  I  T  A  L  E  O  O  A  D  D  N  G
K  C  A  H  V  M  R  E  Q  E  E  P  D  S  M  B  L
Z  Y  A  R  C  G  O  F  L  Q  L  W  G  Q  H  Q  B
M  V  L  A  B  Z  U  L  A  K  T  X  E  C  H  N  S
L  A  S  L  S  L  S  P  T  J  N  K  B  M  J  B  Q
H  T  E  L  E  M  E  T  R  Y  A  A  B  L  C  J  C
T  H  I  S  N  I  T  E  I  R  M  D  S  H  M  R  A
U  O  Z  C  N  G  N  M  A  W  M  S  A  L  L  T  T
V  O  L  M  N  E  Q  Y  H  I  E  L  Y  E  Z  S  H
A  D  U  I  M  P  H  W  Q  J  L  B  N  V  L  J  P
Z  W  R  P  L  E  T  U  P  U  D  E  F  I  N  R  T
H  I  L  O  G  N  A  J  X  E  M  F  I  W  W  O  P
T  N  O  C  E  R  E  L  C  L  I  B  A  S  L  N  Q
T  K  B  C  R  Q  C  K  A  S  I  I  Z  F  K  Z  P
E  J  U  Y  C  N  W  P  P  Y  R  P  Q  H  A  Q  Y
```

ANKLETS	HACK	MOLT
BEWIT	HALLUX	QUARRY
CADGE	HOODWINK	ROUSE
CAST	IMP	SNITE
CERE	JANGOLI	SWIVEL
DECK	JESS	TELEMETRY
ENSEAM	LEASH	TIRING
FEAK	MANTLE	WARBLE
FED UP	MEW	YARAK

Family Reunion

```
H C N D W S O T O H P X E F U O A
S L E V E N T Y N H X C K R A M M
V C L J H Z O W J E S M E W I M D
B W N R P P O T R I M C O N N G U
T R A V E L Y L N E O R G M B S K
M J O E N A X I A N T L A Q N W I
E X X T D N M C C X E S S E Y A T
C C N A H E N I F O O D I I D L I
S U E P R E L C N U D L Q S D N N
A W E I F E R G G T W D Q H I I E
J I M C N A J A U L R H S S C V R
V T D I R W M O I A V E U T P V A
J S U T L E K I O W U O T A M H R
P E J N S O A X L S C A B R U P Y
I F U A O B F S C Y Z X T G E V D
X F A C T I V I T I E S S W V A B
N O I T I D A R T O X Z Q H D O T
```

ACTIVITIES	FOOD	OUTLAWS
ANTICIPATE	FUN	PHOTOS
AUNT	GAMES	PLAN
BROTHER	HUGS	RECONCILE
COOKOUT	IN-LAWS	REMINISCE
COUSIN	ITINERARY	RETREAT
DAD	MINGLE	SISTER
ENDEARMENT	MOM	TRADITION
EVENT	NEPHEW	TRAVEL
FAMILY	NIECE	UNCLE

Famous Beaches

```
Y A N G U I L L A U J I Q C D A W
R X B V Z A R F Y V U H J A N M I
H C S X T G N S G G H Q N D J E U
H O R S E S H O E B A Y E R D N F
K Y H N P G A H T O O R F J P A T
S A U A A A K T C Y S X B S R P W
A B C Y R O L R I I A A U O G I Z
N I T T Y B A M N N R D B U X O H
T E Y G U C O I E C I A B T V R I
A L S E O L R U E H R M U H Z Q E
C A C K X O U L R O A R A S T E I
R N E W T F O M B I Z P S L K O B
U A G N D N A L S I S O N O K Y M
Z H A B A U E T I H W L L Y O F V
A S K Y K W V V J L J B A L X E K
W D E M I J D D B L K X N N N J V
H L R C P I Y X G L I K U T D J S
```

ANGUILLA
BARCELONA
BORA BORA
DAYTONA
HANALEI BAY
HARBOUR ISLAND

HORSESHOE BAY
IPANEMA
LA MINITAS
MYKONOS ISLAND
OAHU
OCRACOKE

PALM
SANTA CRUZ
SANTORINI'S RED
SOUTH
TULUM
WHITE

Famous Johns

```
H W A T C F H I N C K L E Y P W Q
D T N N F W R C U S E K Z P D J X
H X O G O O D M A N M K B Q E Q L
M A N I L T R T R K C A K G K O U
A R N K L E L C V E N L D A T L Y
D K E C N E N O H G V I B A G B E
D I L L O K T N B S L N D M M D V
E F F I L C Y W V O A G E Y S I Q
N H T Q H E K X O U M X E D A L M
H T O O B E F C F A R T S V D L V
R O Q X N C O E H A R E E L W I X
B X L N A W Q S K A K Y L M R N O
V T E L A Z I T V C D Z P Y J G W
Z D V Y I R W O O N O C P U T E D
Y I N Z G D L C A F K R A B X R W
N E V S S T A C T G T N R J H E E
I C U S A C K Y D M A C P F Y W X
```

ADAMS	DENVER	LENNON
APPLESEED	DILLINGER	MADDEN
ASHCROFT	GLENN	ROCKEFELLER
BOLTON	GOODMAN	TOILET
BOOTH	GRISHAM	TRAVOLTA
CALVIN	HANCOCK	TYLER
CANDY	HINCKLEY	WAYNE
COOLIDGE	HOLLIDAY	WOO
CUSACK	KENNEDY	WYCLIFFE

Fictional TV Towns

```
I  C  N  F  R  Z  R  Z  T  L  F  S  Q  W  S  T  F
S  M  A  Y  B  E  R  R  Y  S  E  E  P  F  R  W  K
I  P  Q  P  I  F  Y  N  I  T  J  P  P  R  K  K  C
K  A  R  W  E  L  Y  L  O  S  W  S  N  M  H  I  X
I  R  Y  I  E  S  O  P  U  T  N  O  L  G  A  P  L
L  E  A  C  N  P  I  X  M  A  E  L  Q  F  V  J  G
S  I  I  P  O  G  B  D  B  R  O  L  L  V  B  O  T
N  C  O  R  H  V  F  B  E  S  V  X  G  X  H  C  C
T  M  T  H  X  T  E  I  Y  H  U  J  K  A  U  Z  T
V  E  Y  F  C  D  U  B  E  O  F  V  U  C  E  W  L
M  C  E  E  R  I  E  O  P  L  L  Q  K  Z  I  T  A
S  F  L  O  A  M  R  N  S  L  D  N  Z  N  S  Y  R
E  L  C  M  D  D  Q  E  A  O  V  F  P  I  F  X  D
B  K  U  M  S  S  U  F  J  W  Q  E  W  B  B  L  Q
Y  T  I  C  M  A  H  T  O  G  A  K  L  X  J  T  P
P  O  F  M  V  P  P  H  H  K  K  U  E  X  W  V  C
S  K  Y  A  S  J  J  M  S  U  N  N  Y  D  A  L  E
```

BEDROCK	GOTHAM CITY	SOUTH PARK
CAPESIDE	JERICHO	SPRINGFIELD
CICELY	MAYBERRY	STARS HOLLOW
EAGLETON	METROPOLIS	SUNNYDALE
EERIE	QUAHOG	TWIN PEAKS

First Aid Kit

```
Z Y H S A W E Y E A O M K T U K X
J S L I N G E N I R H P E N I P E
E P O A A I W G E V S E M E O S T
S A G D C X P G N R V U B M V U E
F E N Q Z E N Y O E A P R T P A U
Q A V J K I T S T J E E L N W N Q
B K A O R T S A D E T D F I T T I
C N C Y L I W R M E F L L O E I N
I G S A C G E E M I A A S E D S R
T A D S P S A O E S N W S N K E U
O U O O S D M D H Z F O F F Z P O
I Z I I V R L L H C E L P I D T T
B E N T E U I O U E F R T H H I K
I G U H U G D P C Y S I S O E C W
T R T G H Y J N M M N I B O V N X
N C O T T O N S W A B U V X U V Z
A J M V W K M F S L T W T E C W T
```

ACETAMINOPHEN	DRESSING	SAFETY PINS
ADHESIVE	EPINEPHRINE	SANITIZER
ANTIBIOTIC	EYEWASH	SCISSORS
ANTISEPTIC	FLASHLIGHT	SLING
BANDAGE	GAUZE	SYRINGE
COLD PACK	GLOVES	THERMOMETER
COTTON SWAB	NEEDLE	TOURNIQUET
CUP	OINTMENT	TWEEZERS

Garlic

```
R O C A M B O L E A O U S T N G C
E P S L R E K A T E R A C B J I S
X U F L F U D O O W E S O R S D B
G R Z I N V J N Z F Q N R U S W I
G P E E R W A I S D A E M K U A N
X L Z D M Z A E K L N A B R U T I
L E A I T O L D L S C O T A A R A
Z S X I T O P I A S I A T I C K L
V T L T E A C J I N A A A N F I E
Y R H R H I L H O P I R M E Z Y C
D I C C S A C I P X T H S U B H R
N P P C X E J L A I W E C E P Y O
U E F I T E E O C N N A L P T R P
G X A E G G Q H R A L A P A Y E I
R N M Y A G O J P O R A G W V N X
U T F T D K V A G U J O T O A X F
B G E Z E U J O S R B O I E O P K
```

AJO ROJO	CREOLE	RED TOCH
APPLEGATE	ITALIAN LATE	ROCAMBOLE
ARTICHOKE	JAPANESE	ROSEWOOD
ASIATIC	MAISKIJ	SICILLANO
BELARUS	METECHI	TURBAN
BOGATYR	MUSIC	TZAN
BURGUNDY	PAW PAW	UKRAINE
CARETAKER	PORCELAIN	XIAN
CHINA DAWN	PURPLE STRIPE	ZEMO

Greenhouses

```
E D B W N L Y X R A L O S X F E R
P L A N T S X L M R T F U F E Y Y
I D I H C R O Z I H G E I R T O D
F O T H A V S X E L G G U G A E X
T W T S E F E R N R R T E Y M T K
I T E R F O M N E W A E T G I P E
U E S B O A G E T R R I T A L G M
R B N I L P N X E I D E N S C X C
F H I M M H I P Q I L S T T A U I
Z M O L O X M C M H X A A L L E S
H T P U N E Y U A F L R T T E U T
Y Z S L T E H I L L X O I I T H G
N E S E L B A T E G E V R C O V S
P S T R U C T U R E A T A T T N Z
D N S Q J W Y O H T E C X X N R Z
A B Z L E D W E D T Y G K Y O Z
U Z A O V Y E A N I J G N E O G C
```

CACTUS	GAS	SHELTER
CLIMATE	GREENHOUSE	SOLAR
CONTROL	GROW	STRUCTURE
CULTIVATE	HUMIDITY	TEMPERATURE
EASTER LILY	MIST	THERMAL
FAN	ORCHID	TROPICAL
FERN	PLANTS	VEGETABLES
FRUIT	POINSETTIA	VENTILATION

Growing Together

```
F S C D Z J X Y C K N R H W E Q Y
T R T L M H S A W J F D X Q D P A
S S I A B V F M P B O U Q U E T O
R A E U N M L I W C T Y C N B B X
B K N S Z D J E G R R Q O G F S L
H C R T P N I W A A T O U D P B C
H D V V M O I N V R R V P P A G F
L L R P A T C H E G W D L W S H P
V E F A A H R V F L R V E A B I A
D I U Q H I O R T A B I M N R L H
R F D N R C F N O I T A T N A L P
A W X E R K R H F M S X W K N M E
Y Y E Q J E V O R G U O M J F M F
E C P X K T R A Y O O D I J A X I
N Y J Q L E F A N Q U T R T R K Z
I E C E S H K O A T A O M D G G H
V Y H T M B M L Z Y F K P E B A H
```

BED	FARM	ORCHARD
BOUQUET	FIELD	PATCH
BUNCH	FOREST	PLANTATION
COPSE	GARDEN	RANCH
COUPLE	GROVE	STAND
COVERT	HILL	THICKET
CROP	HOARD	VINEYARD

Herb Garden

```
L L R C E T L D L M A R J O R A M
R P F P C R C L I R Y E W R I F X
V V A K T F B H L P M H M T D R V
D E I R D A G U Z I T U X N L L H
D P V C S C J P L N D M B A X U C
A A T I E L F R D T F S V L Q Y Z
M Z L O A M E W J A F E L I U E F
A O O A S F G Y F C N O N C L N X
X T M T F E Y M R D O S B N C Z Y
V E N E O L T K E U H R Z C E B R
A I I A O A M R E I R R E O B L A
M K R V S N Z O S M Z U O G I Z M
M T A R R A G O N Z Y Z L V A Y E
N G P A Z B J U I S A H R O Z N S
E M N L O C S O S A G E T I Y B O
O Z V X S E V I H C H L H P E O R
D A L F W O K T F C X K A J A F J
```

BASIL	FENNEL	OREGANO
CATNIP	HOJA SANTA	PARSLEY
CHERVIL	KIEFFER LIME	ROSEMARY
CHIVES	LAVENDER	SAGE
CILANTRO	LOVAGE	SHISO
DILL	MARJORAM	TARRAGON
EPAZOTE	MINT	THYME

Honey

```
N N H B U C K W H E A T V D V X M
E O I E S D H J B J O T E D B Y U
M D C X A Z J S M A V E A M F J G
X A C Z G T N B I U W A O R W C D
D C C E E M H C H E G C X M X R E
Y O L J H U A E R L Y E A F Y Y R
R V O G N C C I R E I N U N X S A
R A V W A E F A N R U Q Q L A T M
E M E G R Q D O L K P F U L B A B
B N R W E U H N A Y N I F I C L P
E K R A B N O R I O P A Z A D B I
U P G Y E F G S U L L T D P G V N
L B R E G R Q X I F P A U G Z G E
B S M T I R A W A T M O C S G J T
T U P E L O U F X I Q N O G C N R
T L I E F L O R A L Y B J M Z N E
V O V C F M V N O I L E D N A D E
```

ACACIA	EUCALYPTUS	MANUKA
ALFALFA	FIREWEED	NEEM
AVOCADO	FLORAL	PINE TREE
BLUE GUM	HEATHER	RATA
BLUEBERRY	HONEYCOMB	RED GUM
BUCKWHEAT	IRON BARK	SAGE
CLOVER	LINDEN	SOURWOOD
CRYSTAL	LIQUID	TAWARI
DANDELION	MACADAMIA	TUPELO

Interjections

```
J C Q A H R D B X F A G T Y F Z Z
N L D J H L A B J D C Q D G F L W
P F L E G O M T A E R G E V D J V
B L O E Z N Y A S E H S A Y E K L
P S H A W B W S Y D U C R I Q S V
D A E S D S O L O N G Z G H A W Y
F Z B U R I R N D I J U N G Y I J
K H Y C R E D H A Y D O V H H E B
M A K K O E E P P I Y A N C B U O
J E M E R I K H F K B O P A K O B
W S H O T S E A C E W H H O P U I
I B C A G L S U P S D W G S X C T
D N C A L P B Y E Q T N U W E H P
E F K O T J U R R N I M S U P S W
J X I L K H A H A B C F U U Q T B
V N M G Z F F E D V D C H M W H N
D M P E B R N Z K X O U U G T R P
```

ADIOS	EUREKA	PHEW
AHEM	GESUNDHEIT	PSHAW
AHOY	GREAT	RATS
BEHOLD	HA-HA	SCAT
BINGO	HELLO	SO LONG
BRAVO	INDEED	UGH
BYE	MY WORD	WELL
CHEERS	NOW	WHOA
DEAR	OOPS	YIKES
ENCORE	OUCH	YIPPEE

Irr

```
Z T T Y B I Y X W C P R M P P I X
N E T A T I R R I N U J R U X R R
I P S I G Q U R K R N E O U R R A
L R C R X W T N E R E V E R R I Z
M H R R W Y F I I V W C F C Z T B
A O E E A U K R R C O U A U X A N
F N L S G L R E H R Q C E K A N T
W G B I J U A Q X R I L A I T T L
V O A S P O L N H F B T R B E A E
R N T T D K E A O A S R A T L K C
L B U I R R E T R I E V A B L E Y
B X F B U W E A A L T I D U L L D
Y F E L O B P Q E G D A H V K E N
N A R E B E A V Y A I E R R U W I
A D R V R B A L R N F R F R U T Q
H L I R M N R R B Q D N R H I O Q
A Y I T T A I X N K W H V I V E C
```

IRRETRIEVABLE	IRRELEVANT	IRRIGATE
IRRADIATE	IRREPARABLE	IRRITABLE
IRRATIONAL	IRRESISTIBLE	IRRITANT
IRREFUTABLE	IRREVERENT	IRRITATE
IRREGULAR	IRREVOCABLE	IRRUPT

Irregular Plural Nouns

```
Z  S  R  I  C  Q  Q  S  N  C  O  S  H  F  X  L  L
F  E  A  F  L  N  J  C  J  T  H  R  L  V  E  K  E
R  C  K  E  B  X  A  I  X  K  T  I  P  T  N  O  Q
H  I  K  E  C  I  M  S  S  R  Y  L  L  B  A  J  Y
U  D  A  T  W  I  S  S  G  A  X  A  O  D  X  O  B
S  N  N  S  N  S  L  O  G  V  C  I  K  T  R  J  K
A  E  M  L  E  E  I  R  N  V  A  E  E  E  B  E  C
M  P  K  N  I  V  E  S  X  J  C  E  F  C  H  N  N
W  P  V  L  Y  I  L  T  J  Y  T  P  C  R  D  V  V
U  A  L  A  S  L  Z  A  P  H  I  Z  C  E  K  O  U
F  P  I  G  E  E  S  E  C  K  R  S  D  V  B  E  N
W  M  O  B  L  I  S  D  P  N  E  B  D  U  F  H  H
M  K  J  P  E  E  N  Y  I  V  U  J  Y  I  A  T  D
U  K  O  Y  V  Q  K  Q  L  N  Y  C  H  B  I  M  R
S  E  V  A  O  L  V  E  A  A  E  N  J  U  I  Q  I
P  R  E  B  M  W  Z  I  K  X  N  U  L  W  C  B  T
L  L  I  M  B  O  G  Y  X  W  L  A  G  C  B  T  S
```

ANALYSES	ELVES	LOAVES
APPENDICES	FEET	MEN
BISON	GEESE	MICE
CACTI	KNIVES	PEOPLE
CALVES	LEAVES	SCISSORS
CHILDREN	LIVES	TEETH

Jams and Jellies

```
V M W E M J K Z D B I Z Z N N E M
L S M A Y R R E B E L K C U H T B
H Q U S T C Y A C Z B I U A T V L
I J T T O E X Y Y R Y M P N G O A
V A L I C Y R G R R A P U E R M C
T L T O I A J M R R L N L L A I K
E A V C R F C E E E E N B M P U B
T P W R P I B Z B L E B U E E E E
E E X L A E G U A C O E W K R O R
V N X L U S T X T R L N H A R R R
R O I L H T P A I O O E O H R B Y
Y C B D E A R B R N S G W Q V T K
Y W B R A I S T E I G K N A Y R S
T T Z R N C E W G R H U B A R B J
A Y O E B P S R L P R K A E M F S
C G N F H A I U A G C Y J V F V K
E Q J N P T W B M Y N B H C A E P
```

ALGERITA BERRY	GRAPE	PEACH
APPLEBUTTER	GUAVA	PETROLEUM
APRICOT	HUCKLEBERRY	PLUMB
BLACKBERRY	JALAPENO	RASPBERRY
BLUEBERRY	MANGO	RHUBARB
CACTUS	MUSCADINE	STRAWBERRY
CRANBERRY	NECTARINE	WATERMELON

Jasper

```
B M J P U F D R B Z E O X G H N J
A K A M B A B A M I L U W Y R R K
N I Z D U E T W L E D A N T Y A W
D W P T E L O O B M S F J A O I B
E I U I D R P L K B A R H A N N Z
D M Y K S E U L B N A T M K D F P
N J A H A V Z E C I N S I R A O V
I Y M S D L T Y N W A S D A P R B
T R W R E I E B O L Y Y D P N E O
O L L N A S O R P W S W Y H H S H
Q C X K J W B U U O C E A N C T N
E X O T I C A U R T I Z A I O T P
K O E B N D E T A I C C E R B I S
M X Y M R O R L R C B I D G B G C
C O R W A A W Z Q X Y B P S G E J
C S Y C B L A C K K Y E O U G R Z
G M M L X F F K Q N J Z O N G L Q
```

AUTUMN	FANCY	RAINBOW
BANDED	FLAME	RAINFOREST
BLACK	KAMBABA	RED
BLUE SKY	KIWI	RIBBON
BRECCIATED	MOOKAITE	SESAME
BROWN	OCEAN	SILVER LEAF
COBRA	PICTURE	TIGER
DALMATIAN	PLASMA	YELLOW
EXOTICA	POPPY	ZEBRA

Jean Scene

```
F D L Q A X Y K B T S Z M L P F D
R X Y U Z W W D E N I M H W O C G
H I C Z I P P E R H S F W D Y P Z
E R P V D O X X S L W Q T U H H B
L E D P E G Q A H L W R P R D D M
H I O W E I W L V F I A X A A V A
F H G D U D N E R T B M B B Q R M
E V Y H I N H R U O J A Z L M I L
H U X C T I W G O G J H I E A O L
C Z A S K I R T E T R O F M O C N
L K P K G D C Y O S M B T S J R K
R Z P J K U Q Z T D I Y E H S V U
D T M E T F I Y S F O R H L G S K
P P K F V H L C L B R I W E Y I C
O V Y W Y E H A W L J B C O Y S T
B L M Y J J C O R M H I X D L L C
G G L C H W C S I E G H L P N V X
```

ACID WASH	FIT	RIPPED
BLACK	FLARE	SKIRT
BOOTCUT	INDIGO	SLIM
COMFORT	LIGHT	STYLE
COWBOY	LOOSE	TIGHT
DENIM	LOW-RISE	TREND
DURABLE	RELAXED	ZIPPER

Keeps You Awake

```
C L L G B Q U X P A T V Y G F M U
A V C A N C E L T H V H B X C K P
A E H G N I K R A B E F Y K K M K
Q Y D H A S R G B N I A T C C U B
U Z M G O U M O S Q U I T O T X P
Q M I N D M J T N R C R L F E L P
I R D E Y B E Y R S P D R F W C B
K A U T L K Y W T A A H E E W A W
W L R T C J V R O T I J H E B F D
Q A L I C E E M R R N N P Y K F W
P F R K E S I O N O K J O P B E U
Y C P Z S H V X Y P W R U A I I L
V U A M B M M E Z V M P A L R N D
L E H G Y B T A E N P A H X N E J
F S H S X D J Z J Y K S R H F X W
Z E A C Y S G U A W V C R C G R X
Z F S A A K F B I O P H C P W L P
```

ACHE	CRAMP	NOISE
ALARM	CRICKET	PAIN
APNEA	HEAT	PARTY
BABY	HOMEWORK	PUPPY
BARKING	JOB	SNORING
CAFFEINE	KITTEN	STRESS
COFFEE	MOSQUITO	TRAIN
COLD	MUSIC	WORRY

Labels for Locals

```
T O I R P Y C U L G W F U U D E O
M B Y E M E N I A R R T P X R N P
O R O Q S G D A J F D B T N A A Z
W I D L S I E E I G G Z R L I D T
A T T G I H D S W B N H E P N K B
U I Q E W V C Z E S M U A S A M C
S S G C S V I E X L Z A C N P D W
T H D R C S I A Z E O O Z S S C Y
R Z S O R A I A N C T G R L G E H
I E H A H T M E M T R I N H Z S Z
A U E T I Q V I I E L H S O L E V
N L M A L T E S E A R I I E C N Z
I D W I I V H K N T R I W R W I I
G U H C T U D K U I U K C U E H S
K A N S Y D A A H S O R I A K C N
F J G O U N N I F T W V K W N H F
C M O R O C C A N U W Y P J X O O
```

AFGHAN	DANE	SPANIARD
AMERICAN	DUTCH	SRI LANKAN
AUSTRIAN	FINN	SWEDE
BOLIVIAN	GREEK	SWISS
BRITISH	IRISH	THAI
CHINESE	ISRAELI	TURK
CONGOLESE	KUWAITI	VENEZUELAN
CROAT	MALTESE	WELSH
CYPRIOT	MOROCCAN	YEMENI
CZECH	SCOTTISH	ZAMBIAN

Legendary Magicians

```
A A H S E N O T S K C A L B H C B
Q M F R O C L T Z I G Z Y J R Y B
D L A U E I A E N N C I M M X F Y
R J C Y W L U M G G D T Y X Y S O
Q C N Z A I L P L N W R H U J H H
B Y O R A K L E J N A O J M W A E
D U N P D D A S T R U K N Y D R Y
E N R A P L I T O D P O N K A A E
I M E T E E V D I N S I S L H R F
R O V V O Q R N E R J H L M E Y Z
F O A Y Q N I F E Y E E A A N E U
G P E N N C L D I R K R G H N X M
E N I A L B N H I E L C V O I B X
I F F J P A L D W O L Y N E N Q C
S H E R R M A N N F V D B H G E G
G R H Q G N P U Z I N I D Y L S P
W O N M C B R I D E S D C Z G I U
```

ANDERSON	JAY	SIEGFRIED
ANGEL	KELLAR	SLYDINI
BLACKSTONE	KING	TAKAYAMA
BLAINE	MARLO	TELLER
BURTON	MCBRIDE	TEMPEST
COPPERFIELD	ORTIZ	VERNON
HARARY	PAVEL	WILSON
HENNING	PENN	YEDID
HERRMANN	ROY	ZENON
HOUDINI	SHERIDAN	

Long Haul

```
P V G V R E V O B A C J T Q E H Z
H P Z W L G H R D I S P A T C H P
S A C F A A X D Y G B R A L J V L
K I Z I I A N O R P P T S A T L C
S R P M P F B O M A S C C Y U G D
C R U C A W T P I R Y K S O Z K W
I I P I O T I H E T K P S V T C B
T D T L O G D T W N N E O E G O S
S E R D T M N A I H L E M R B D C
I D A A R I S F O B E I V T D R S
G R I G P E E F U L L E A N E O W
O L L B Q F V O R E X I L C O T P
L L E O C I D I S E L A D A G C D
Z V R S E M I T R A I L E R P A X
X P R E I R R A C D U G B C D R E
Q I B Y P Q A Z T L U A H E A T R
A U E T A T S A R T N I Q T R E X
```

AIR RIDE	DRIVER	LAYOVER
BOBTAIL	DROP YARD	LOAD
CABOVER	FIFTH WHEEL	LOGISTICS
CARRIER	FREIGHT	LOWBOY
CDL	GPS	MILES
CONVENTIONAL	HAUL	PIGTAIL
DISPATCH	HAZMAT	PUP TRAILER
DOCK	INTERSTATE	RIG
DOT	INTRASTATE	SEMI-TRAILER
DOUBLES	JACKKNIFE	TRACTOR

Long-Haired Cats

```
M N P E X Q K N K F K B Q I I V H
K C Z S V L R Y A M L E D W E I H
N E B E L U N G Q I M L D C M W D
O K F N S D I L C I R E O A W Z B
O Q M I Z E K A B I L E L D O C M
C L R L S F L U D B R A B F G H T
E Z R A C N R K E K Y M W I C A Y
N K C B J E A I I A U H Y S S N R
I A D A H A N I N R X A N C U T J
A E I C N A V H S I K R U T F I F
M Q L X F K K A D R W R S K K L H
D C P F J X F B N B E O E E J L S
Q N I K H C N U M E M P N X E Y B
H T F N U X U A R A S Z U A F P L
T M K N Z O P O L M A E M O J A C
S M J A M E R I C A N C U R L D N
A O F N T N A M R I B J H O B S E
```

AMERICAN CURL	HIMALAYAN	RAGDOLL
BALINESE	JAVANESE	SELKIRK REX
BIRMAN	MAINE COON	SIBERIAN
CHANTILLY	MUNCHKIN	SOMALI
CHERUBIM	NEBELUNG	TIFFANIE
CYMRIC	PERSIAN	TURKISH VAN

Love Is in the Air

```
L O B I S W E M V E Z Y M P L A B
C R O M A N C E E D O N K A G I G
A I F I U C N W T O V B N T N V W
R E T T E L T F V A P O W I D L O
D T E Z K F L I L X I X Q E V V M
S D N T P O A E O T C P F N U E D
K N D O W R N N I N C R L T U G F
J Y E E I T O D C A T W H W L A Q
A X R K I T N P N Y I H S E D I E
L S A N O O O D O L G G N A A R D
P S E X C T Y V O S M N L O O R A
D S O N K I S S E S A I O D X A T
E F U B L O V E K D S L A S C M B
O K R P I J U L S M Z E H W O Y I
M U G Y X R R Z O C K E S O V V L
U N O I T C E F F A E F E S V I G
U Z L Z F I B Q I Q W C I J T Q G
```

ACTION	FLOWERS	PROPOSAL
ADORE	HEART	ROMANCE
AFFECTION	KISSES	SONG
CANDY	LETTER	TENDER
CARDS	LOVE	TOKEN
DEVOTION	MARRIAGE	TRUE
FANCY	PATIENT	UNCONDITIONAL
FEELING	POEM	VALENTINES

M Countries

```
Z  F  M  X  V  I  K  U  D  V  D  W  Y  U  N  X  I
O  V  A  Q  M  I  C  R  O  N  E  S  I  A  Q  Z  X
P  C  L  A  F  K  V  Z  E  K  A  N  N  C  B  R  J
M  Y  A  N  M  A  R  T  D  I  Q  U  N  A  G  A  P
O  W  W  N  Z  A  T  F  N  C  T  Z  O  M  A  C  Y
N  G  I  J  O  O  L  O  R  M  N  N  O  F  J  S  D
T  I  S  M  Y  M  D  I  A  C  O  C  M  B  E  A  V
E  S  E  A  A  E  M  R  S  C  D  N  J  V  O  G  R
N  I  M  U  C  U  T  A  I  N  A  T  I  R  U  A  M
E  Z  K  A  Q  I  R  X  M  R  O  D  J  M  P  D  A
G  B  M  Y  N  I  E  I  C  O  L  M  O  I  D  A  M
R  U  N  I  S  M  B  C  T  A  R  N  G  Z  F  M  O
O  L  Q  A  T  L  A  M  M  I  G  O  G  D  X  P  L
C  U  F  H  R  G  S  J  A  O  U  K  C  X  E  C  D
E  W  V  E  C  U  C  H  L  Z  S  S  R  C  M  L  O
E  N  T  R  D  N  P  I  J  L  O  U  J  S  O  M  V
A  I  S  Y  A  L  A  M  G  P  G  M  F  D  W  G  A
```

MACAU	MALTA	MOLDOVA
MACEDONIA	MARTINIQUE	MONACO
MADAGASCAR	MAURITANIA	MONGOLIA
MALAWI	MAURITIUS	MONTENEGRO
MALAYSIA	MAYOTTE	MOROCCO
MALDIVES	MEXICO	MOZAMBIQUE
MALI	MICRONESIA	MYANMAR

Makes Sense

```
H T S E T C I R T S D E J H A D N
O H W Y D T N Q C E M Z O P F W O
U I I U L O X K O C W R E E O N I
Y S N R N E O Z D R S K J R O Y H
Q T M Z O D P G K E L U R F O R S
Q O F Z D E E A I T Y A H E E L A
O R I G I N A L H G N L V C D A F
Y I H F E I E A N S R I N T D R G
K C B R O A D V S A T A I A S O Y
F K A Q O R K E I A T O T P M M T
V L A R E T I L R T L U E E O L J
D A P J X S R U W I I C R N F Q Y
V B J K V Q G O J H I S O A B U S
S D I S T I N C T F A T O M L B L
A J C P F R P X I V U O K P M O L
P T L V Y Y I C N A T C B K W O Q
P B K K K S J D H B O M W I L W N
```

AUTONOMY	HISTORIC	PERFECT
BROAD	HORSE	POSITIVE
COMMON	LITERAL	SECRET
DISTINCT	MANLY	SHAPELY
FASHION	MORAL	SIXTH
FIGURATIVE	NARROW	SLY
GENERAL	NATURAL	SPECIFIC
GOOD	NON	STRAINED
GRATEFUL	ORIGINAL	STRICTEST

Manias

```
U D A I N A M O P M A T S K A V I
B A I N A M O L G N A E L I N D S
P F B P U I W I Z H P O N P A I L
Z X S A S J N G A O P A H I H S O
I F M N F O I A M E M G N A U C M
W I L K A R M A M A A A O I Z O A
M A A O O I N A N O M U Y N A M N
R Y I M R I N I N O L B L A I A I
I W N N A I H A H I R E I M N N A
N G A G A C M P M U A N M O A I O
K P M T F M A A X O A R L R M A N
O M O O N R O O N M T J M O O D O
M C N T G J M N O I Q U J D B X I
A P I Y Y A A R I H A W L C R E F
N S L Y N G G L W D Q Z L P E Y F
I S C I G A L L O M A N I A V N E
A T A X E N O M A N I A W R F J B
```

AGROMANIA	DISCOMANIA	KLOPEMANIA
ANGLOMANIA	DOROMANIA	MELOMANIA
BRUXOMANIA	EPOMANIA	PLUTOMANIA
CHINAMANIA	FLORIMANIA	RINKOMANIA
CLINOMANIA	GALLOMANIA	STAMPOMANIA
DINOMANIA	GRAPHOMANIA	VERBOMANIA
DIPSOMANIA	ISLOMANIA	XENOMANIA

Mine Your Business

```
N B A U X I T E J C V T D Z J V K
R F I K E D C C M A H I U W L B F
E E L N A T S O S E A R L U Z G X
T R V E O I I Y P T R Y O A L Y A
I W L L I J R O P G A P M B P D
N L P I I S R M A L E O L Z I S I
A Q C M O S I O O B T R F D A U A
R A N E L T M U N E D B Y L O M M
G V I S E A M Q S C T L T A B U O
R Z Z T G U O I M V A E I L P I N
U H E O I A O C X U V K X Y A T D
B W L N K U Y R R H N C R D Q N V
Y D A E Q Q U A R T Z I T E Z O D
T R Y R U C R E M G T N M X Y R E
U E U U B C V O H E G M E U T T A
D T T J A Q Y A O D K W L J L S K
V N Q R S Y E H Q S F G M A N A I
```

ALUMINUM	GRANITE	QUARTZITE
BARITE	GYPSUM	RUBY
BAUXITE	IRON	SALT
CHROMIUM	LAND	SILICA
COAL	LEAD	SILVER
COPPER	LIMESTONE	STRONTIUM
DIAMOND	MERCURY	TOPAZ
DIATOMITE	MOLYBDENUM	TURQUOISE
EMERALD	NICKEL	URANIUM
GOLD	PYRITE	ZINC

More OF THE Phrases

```
V N Y D Z F V J T H C K C E I S L
D H W Y S E C S T A T E D D T X Y
H J L D R O Z R E E N I L O K E R
A V Q P A U L E U T S L P E Y F J
O F N A M O T D O G U I T K C M U
R T A P T U R N N P L V A I Z H Q
S R B Q G T G O E L V E L Z M P W
A B Z W H U R W N C P D K U O Z Z
Y D A O E W R A W S J D T G Q Z P
E L U R H O M B A O Z E T X M J F
L S E L D D I M L C O O L S L E A
E P Y D E U L A N D W D O C L W F
Q Y Q J B O L E F N C J S B I I T
I F O J R X C A B K Y Q V G P H P
I D J S W K T K Q N K X N R X X K
W E Q D L W D R X S Q F Q I F X D
H V Q T B W M A T B C S R Y V S Z
```

LAW _ _ LAND	SLIP _ _ TONGUE	TOP _ _ LINE
MAN _ _ HOUSE	SPEAK _ _ DEVIL	TURN _ _ CENTURY
MIDDLE _ _ ROAD	STATE _ _ ART	WONDERS _ _ WORLD
NECK _ _ WOODS	TALK _ _ TOWN	WRONG SIDE _ _ BED

Most Common Nouns

```
F P S E W Q Q W I F Y F N J V C C
X Z Y W E E K W A S V I E Q X E O
K E X E T F G W J T I P D R A T V
Y F Y N A P M O C U E L T L V Z Y
S H W C T R A M V D O R O H R R E
A N T D S P L A C E G M K O H O A
U O A V A E R N N R R Q F H Z W
Y S Y C C Y F U C T O N A Z G C D
P R O B L E M I T W U E M W N T S
N E J I E B P I L A P U S E R N Z
A P M V E O C C Y Y E R S A N N D
V A M R I H W R M D L V P J C T T
F K G N I H T Y Q E T L L A Y M B
O X T L I N Q M G Q Y E Y C I T R
R H D A U H F O U D I N R W U P S
S X V O X F K R W C B X A S T B R
C H C U N S O G W P S D N A H G O
```

CASE	HAND	STUDENT
CHILD	LIFE	THING
COMPANY	NUMBER	TIME
COUNTRY	PART	WATER
DAY	PERSON	WAY
EYE	PLACE	WEEK
FACT	POINT	WOMAN
FAMILY	PROBLEM	WORK
GOVERNMENT	SCHOOL	WORLD
GROUP	STATE	YEAR

N Verbs

```
X  J  M  J  C  K  J  N  Y  R  E  J  V  G  H  N  O
H  L  P  O  E  B  H  M  U  N  A  R  R  A  T  E  J
A  A  P  D  U  T  K  N  X  R  N  N  B  D  U  C
E  L  K  Y  E  C  A  A  U  E  S  O  U  V  N  T  Q
L  F  S  R  I  Z  C  G  S  M  M  E  R  Z  Q  E  K
D  N  G  P  O  R  I  T  E  I  B  L  T  O  Z  R  Q
O  H  T  E  N  W  L  L  N  N  E  A  U  F  P  L  A
O  I  B  H  M  E  T  A  A  D  T  Z  R  J  A  T  E
N  A  V  I  G  A  T  E  N  R  A  H  E  Q  N  R  V
N  U  D  G  E  E  N  E  N  A  T  N  J  E  I  N  C
B  U  M  M  E  E  Z  F  K  K  I  U  B  T  B  M  T
L  C  L  E  G  I  H  E  C  P  S  L  E  O  B  I  A
Z  R  B  L  R  G  M  U  Z  Q  S  V  Y  N  L  G  T
V  K  E  A  I  A  L  I  S  G  E  Q  Y  P  E  P  D
Z  C  T  E  C  F  T  P  L  D  C  H  N  W  D  C  W
T  O  N  I  C  K  Y  E  J  E  E  T  L  K  M  H  X
N  U  E  T  A  I  T  O  G  E  N  T  B  O  M  W  K
```

NAB	NEIGH	NOODLE
NAG	NESTLE	NOTARIZE
NAIL	NETWORK	NOTE
NAME	NEUTER	NUDGE
NARRATE	NEUTRALIZE	NULLIFY
NAVIGATE	NIBBLE	NUMB
NECESSITATE	NICK	NUMERATE
NEGATE	NIP	NURSE
NEGLECT	NITPICK	NURTURE
NEGOTIATE	NOMINATE	NUZZLE

New English

```
F K W U F I T V J J I K H V K C T
N L E T T E U Q I T E N Y R Q H K
O A C U E Z F N J B S E Z O T A C
I I I W G I N H X F U I Z B R T O
T N T L B U Z Z W O R D T O V R K
A F R K T M R H O Q E O U C F O H
C X L I Q A O M D T T O A A O O W
Y A W A N T T L E L A H S L K M T
A O N I S G E R I N M H B L V W A
T N B P J H T A J E I Y P Y A D L
S E O R Y E M O R O T L G S M G U
W T U C G L R O N L S S D Q D S Y
U P G D I S M I B E S D A N L N O
Q U I A Z T S R V D E W X W A O R
E W N Y R T O L E H U K N U E L D
F S B V A Z Y M G O G A V C M P W
M L V K O O B T E N E M E B Y C U
```

BUZZWORD	HOODIE	ROBOCALL
CHAT ROOM	HOTSPOT	SITCOM
EMOTICON	LANDLINE	SNAIL MAIL
E-WASTE	NAIL TAT	STAYCATION
FASHIONISTA	NETBOOK	TWEET
FLASH MOB	NETIQUETTE	WEBINAR
GUESSTIMATE	RINGTONE	WIDGET

```
N W M O W X B G V O E F P V B V Q
U Y U U O G I P X S Q E C Z D W P
N N K N R U B C R A R L B O I M W
Q I W X O D R S L I C E B R G K N
S K N B A V O B I L N H H V E C Y
N S N N H F P T W L F T C C S W R
S J C I C T N I B Y Q T A Z T R C
I E L C R I C G C C W E E X L U G
M G T E A D X H C T A M L X J E B
M V A P T D A U Q K U A B S T C N
A D F V S T R I N G M R C V P O V
L F P H T O S I C C S F E W R E O
Z E U E R L L U H M S J S Q O B T
W A R R M F T M R K T R T G O R W
C F I R I M J X O F A R P E F H Y
S M R Q A A H O I Z T E F H I B D
J D F L C B H W K P H N I R F S V
```

BARREL	DRINK	PROOF
BLEACH	DRUM	SAIL
BREW	FRAME	SET
BURN	HOOK	SKI
BUTCHER	LINK	SLICE
CHATTER	MATCH	STARCH
CIRCLE	MIRROR	STRING
CUT	PAINT	SURF
DANCE	PICTURE	TEXT
DIGEST	PRINT	TREAD

O Occupations

```
W L L F X S N K M I A P O S T Z O
Z W T O P E R A T O R M Z S U R U
O O I N K C Q T A I B J I Z N N A
S C R T A F Z O S U C R G I A T I
O B Q T I I D J D I T X T H T S G
T A O Z H E C S V E R H O I K I T
S Z R P L O M I M S O A I R B D S
I I G C T A D O R L W O L U E E L
O U A X N I T O O T N C H U S A X
B R N Z G P C G N T E T W U C P R
O N I I O Z I I O T R T B E E O X
A R Z G K S C L A V I F S A I H H
V P E Y T D O X S N F S B B Z T D
V B R J H G L P W W E H T T O R I
J U U K I K T V U V M O P V N O Y
P D T S I G O L O C N O G F L Q C
F P T S I D T U F X Y T O T G Q
```

OBOIST	ONTOLOGIST	ORGANIZER
OBSTETRICIAN	OPERATOR	ORNITHOLOGIST
OCULARIST	OPTICIAN	ORTHODONTIST
OMBUDSMAN	OPTOMETRIST	ORTHOPAEDIST
ONCOLOGIST	ORACLE	OWNER

On a Roll

```
J O K S E N O E Y E F E E E P I R
P E C A N A K N Y C Z N W O N O Q
R O S U D S R C I Y K P I S N S F
Y T T S T J W S O O K E A O T V Z
O Z E A Q P P E L R N G H F C Q F
R N A G T Z M H E T A A F Z L Q I
N W M E N O K S L T B B G H R D P
B F M D S I I M A Q I B M S J E Q
H E E G N A R O A N G A F Q C Q W
U B Q B K E E P W D D C U Z Q O T
B Z W U N D B D S B R I Y R Q X W
E C I N N A M O N E U V E B Y V U
X O I D R O L F S G M T Y L A M R
B D O R N C T C W T E A L Q P L D
G G E E B P E J K E H E E C R W G
Y L Y R R N G V B K J V O S H B O
Y E A S T A E H W U Y J E J T L C
```

BANK	EGG	POTATO
BARREL	HONOR	ROCK 'N
BED	JELLY	ROYCE
CABBAGE	KAISER	SAUSAGE
CINNAMON	MONEY	SPRING
COIN	ONION	STEAM
CRESCENT	ORANGE	SWEET
DINNER	PAY	WHEAT
DRUM	PECAN	YEAST

Onions

```
S K O Y I A Z S G T T X Y D O F C
S H A O B Z Y S P Z U F A J T T R
P Q I S P A N I S H T N W C R X M
R Y E T D O B L M G N P D M Q S C
I P F L T M R V W V K D R D A V E
N A I T P Y G E L Q G W K Q D B W
G W U C E L P R U P R E T P U E U
S B Q F K K E S Q B E H S R A T I
W O C Y D L B K V L E R B G O I J
H T Z Z E O I I W I N T E R N H A
J S O S I L D N M E J S W I O W Y
G A L L J A L B G N J K L H I W Q
V J I E L S E O O H D L F W L H N
O N I I W A T W W B O F M B L J I
G N A E A H H B V P Y K H Z A D P
F P E A R L T S I U A M X P C F N
H T D H D P Y C E O Q J Y S S Q R
```

BABY	MAUI	SPRING
BOILING	PEARL	SWEET
BROWN	PICKLING	VIDALIA
BUTTON	PURPLE	WELSH
CIPOLLINI	SCALLION	WHITE
EGYPTIAN	SHALLOT	WILD
GREEN	SILVERSKIN	WINTER
LEEK	SPANISH	YELLOW

Oranges

```
M T S P S X V E I O E A T N I L C
Y A R O C T Z R G N M F U M F P W
W U I T Q A S K I I D F X K R A Q
E G G C N N E T C R S A T S U M A
W C N G N G N F O A A J J E V U B
C P H E A E R N I D R W U S G U R
F Z Z P M R L C U N N A I O R C J
S B C E Z I W A W A S O C S F Y I
A O L E G N A T V M D M E A X J S
M C Q O V E G E N T W I E U R E P
Z S A V O L L S L E C U K I V A M
G L J N U D Z V A S K G B I X Z M
A U V R F X U V V V N F L A X I H
Z P A F T V V H U A M L O F S X P
H M L F F E J P L T E X B K R H W
S E M F K I S H U B S Y Q U O Q O
J M D N P C Q X C I H X E P T C K
```

BLOOD
CARA CARA
CLEMENTINE
JAFFA
JUICE

KISHU
MANDARIN
NAVEL
PAGE
PIXIE

SATSUMA
SEVILLE
TANGELO
TANGERINE
VALENCIA

Orchids

```
J R B H R J A I N O T L I M T M L
A F R V H L N B U P Z Q X K A X A
I E P H A L A E N O P S I S E F D
R O J M E N C Y C L I A D Y O V Y
A R X P U F I S H P R E D D U Q S
L M Y Y M L Q L K I V K O Z O B L
L Y I Z D X I A L A I N Y N Y M I
I A M L W E Y D L A T P C G U M P
X N M N T E N L E O J I I L A U P
A A Z U L O I D G P D Z A V N R E
M G N T I A N L R I O T S Q S D R
Z R T Y Y D O I U O E I E D S N Y
V A N D A S I M O P B R H D M E P
C E S C S Q E B O P K I Y P W D O
H C F U N U U G M E S U U D A I M
U U M S G W Y H M Y H I K M Q P Z
W M C D X Z E Y L I C V S X J E Q
```

ANAGRAECUM
CATTLEYA
CYMBIDIUM
DENDROBIUM
ENCYCLIA
EPIDENDRUM

LADY SLIPPER
MASDEVALLIA
MAXILLARIA
MILTONIA
MILTONIOPSIS
ODONTOGLOSSUM

ONCIDIUM
PAPHIOPEDILUM
PHALAENOPSIS
VANDA
VANILLA
ZYGOPETALUM

P-licious

```
S P O M E G R A N A T E J F T A N
A N I A T N A L P L Y G O L J M V
R Y M O X G P E I D G T E Q N G M
Q K A K M V R L M O P U O Y M U K
N S O T Y S Y K I F Q P M F L A C
K A V J I V Q C E A A P R P I S J
H R C M N P R I N L L E R C Q B W
A E M E F U P P T S P P L Q K C C
T O W S P B F V O J A P P C V N L
N D D P P P I N V F P E A X N I F
U P S P O A I V O X A R P E F A N
G Y A T P K P L E R R B L S N A P
I H A P P P E A G T S T D Y N I H
Z T M M R M E W Y T N D Y A Y C P
O E U V O I Y D E A I R Q X A F R
N P Q P F U K H Y E P J G E W E R
I R Y E L S R A P G D K P T W B T
```

PAPAYA	PECAN	PLANTAIN
PAPRIKA	PEPPER	PLUM
PARSLEY	PERSIMMON	POKEWEED
PARSNIP	PICKLE	POMEGRANATE
PEACH	PIMIENTO	POMELO
PEAR	PINEAPPLE	POTATO
PEAS	PITAYA	PUMPKIN

Pickled

```
R J M I X I T V C P M C Y V Y U O
X Q C A R R O T A T L U C Y K O D
W I G A I T Q K B I L H O F A B M
Y V W Q U G H G B M F A M N D U L
W Q C G G L A T A R K O G H I N Q
A L H E R R I N G G K A J M D O Z
T C P S L L F F E P E T Y N R J N
S T J I I I O M L O H T Q D E U B
U T C M P D U T I O E T Q H B V X
S W K N E S A I A E W E V Q M A G
F P R X H E Y R F M P E A I U K Y
M A I R V D X S B R O B R Y C F B
Z A O I H G G P H E B T R Y U R Z
T O L P E I S Q E P A E S I C Q L
M O N E P A L A J P L O Z Z G C A
S Q H V M L I B L E Q J B L Z G C
J Y I Y X F G E C P P Z E Q H H U
```

BEET	EGG	OLIVE
CABBAGE	GARLIC	ONION
CARROT	HERRING	PEPPER
CAULIFLOWER	JALAPENO	PIG'S FEET
CELERY	MUSHROOM	RADISH
CUCUMBER	OKRA	TOMATO

Popular Baby Names

```
A T B N B V D P G W R Q Y J J F D
N S K W Y B L A Y L A Z J R Y U Z
T C Z S O L I V E R M N S E E Y T
R O N N O C E T G W E P I D R V O
T R O E C F T V N Y L I L J O T A
W M S H A O I Y E O I E A P D N Q
F I K A L B L A B S A S I Z B A E
H J C R D Z I E G H E H H N G L U
J R A P O T N G R M N K A N A Y N
V H J E S J R Y A N P Y J J P D I
C M Y R A D R J C I N G I W K R E
W T Z M K Y R N E H L L L H V J P
A A I V I L O Y K U N L E L A E Q
R N J V I S N M C T Q X K M G G K
O B R A A E A A U T K X M Y I S D
L Y M M W Y S O D U S E Q I X L A
C H L O E E I D K K F D B S G C Y
```

ABIGAIL	EMILY	LILY
AMELIA	EMMA	LUCAS
AVERY	EVELYN	MASON
BENJAMIN	GRACE	NOAH
CHARLOTTE	HARPER	OLIVER
CHLOE	HENRY	OLIVIA
CONNOR	JACKSON	OWEN
DANIEL	JAMES	RYAN
DYLAN	LAYLA	SOFIA
ELIJAH	LIAM	ZOEY

Pork

```
C X F G J Y D D W S E F X C W N G
M Y P X J E V P H O C K E O Y P E
B Z P O R B M C S S H A G K O I V
C D K I H U Y H Y C H B A D P T E
S I B D R C T B Q A F O S V L P S
A S V N J T N S E L K B U S J L N
A O K N A H S A A L N I A L B Q M
V Y M C O T F N I O L D S W D V E
G B G Q E I L D D P R Y W O O E Z
L C D A E E W N Z C D A O J E F R
V M K R G M P I C N I C H A M E C
U E R G T E L T U C R Q J C Z M I
Z Z W M B A C O N G O I R P M B J
W Z X F Z F R P B S W J S O G X O
U U J Z G G I V A U V Y V N T X W
Q T Q V E D M W N M V J Y J I N Z
M Q P T O P H N J X S C H B B O H
```

BACON	JOWLS	RUMP
BELLY	KABOB	SAUSAGE
CHOP	LEG	SCALLOP
CUBE	LOIN	SHANK
CUTLET	PICNIC HAM	SHOULDER
GROUND	RIBS	STEAK
HOCK	ROAST	STRIP

Positive Personality

```
B C O N F I D E N T O Y F Y L H S
A O G M R P O X G Z D T S C U H K
L T R K I U I W V S A T V H F Y L
T A Z E E N H D T N E I T A P G Y
W G Y K N C G O E J Y W G S L O P
S H S O D T W D Z C E Q R R E C L
U B U L L U H C E L I D V C H U I
O A U M Y A L U B T F S O G F Q K
E C E R B L C I S E A U I Y S G U
G N I V O L S I N I R C A V I A L
A J K B T N E S T T A L I V E U K
R T M P O S I Z E E P S I D F T U
U W M P J N E O V C L N T E E A P
O Y S D C V U N E O G H R I D D C
C E J E Z S A L O K T A T B C B R
R G R A C E F U L H C G S A Y O O
W E C G M L A I T N E U L F N I G
```

ATHLETIC	FRIENDLY	LOYAL
CAREFUL	GIVING	PATIENT
CONFIDENT	GRACEFUL	PLAYFUL
COURAGEOUS	HELPFUL	PUNCTUAL
COURTEOUS	HONEST	RESPONSIBLE
DECISIVE	HUMBLE	SINCERE
DEDICATED	INFLUENTIAL	WARM
ENTHUSIASTIC	LOVING	WITTY

Prefixes

```
N J A W D A B C L W M C O N T R A
V M U Z D O S E M I K A V Y V E T
C I U S E L H L L D X U H Q A D A
E K K V P B E N O H I H S E Q N M
R X B J A K Z U I G Y A P D T U I
I A I B Q X Z L D P B P R I Y C Q
T R O O U T T E O R M O C O P O
Q X Q E D S I R E P S P G V A S P
K T G I O C S A A Y J N X L L Z M
F X Y P V Z P E N N Z M I L G S A
Z B J L E I R R E T S M F K N K A
C B P N R P J X D H E G T T R S W
E G O F A L T E R H R S E L N H R
J N I N F R A G H E N H A T V W M
J D H P A F T H T T S Q N G Y E Z
X B C J W H E N I K Y I V M N W J
V Y L I G Y I J I F W T G U O P C
```

ANTE	INFRA	PRE
ANTI	INTER	PRO
COM	INTRA	SEMI
CONTRA	NON	SUB
EXTRA	OUT	SYN
HEMI	OVER	TRANS
HYPER	PERI	ULTRA
HYPO	POST	UNDER

Puzzle Writers

```
H N H H A S E L B A U E R E R R J
W P F W E E K G R F I J Z G N C D
N A R J O T T O L L E B O B A X H
H Y J Q F S G Y R A G A M R Y K D
R N G Q I L V R N D J N E N L V N
Q E W V I S B U M J E V I F L H J
I G A C J U N B O I O M Y K U L Y
A D Z G Y M H S S K D H S N M O X
Q I O N L M C L C I V U T K S S L
O X L B B E W I O M T E D H Y E S
S A M G A R P P V Y R I I E V N G
S O S B A S B S I H D G V U N A O
H S H O R T Z K C L A S N L R E N
S L E K C I T S H H O A D D A B Y
L A I X U B J A A Z M K N Q X K G
N M W B H S N R B M O E I X L J E
V S H A S H A V I S R U M N J J C
```

BATTAGLIA	KIM	SALNY
BELLOTTO JR	KING	SHASHA
DAVIS	KORDEMSKY	SHORTZ
DUDENEY	LOYD	SMULLYAN
GARDNER	MOSCOVICH	SPILSBURY
HASELBAUER	NIKOLI	STICKELS
HUNTER	PAYNE	SUMMERS
IMMANUVEL	PICKOVER	WEBB
KALVITIS	REAGLE	YOSHIGAHARA

Q Foods

```
G O S C E Q K C X J B U H F A I O
W G K L J L O B J O Q I J W N E L
V T Q C A G M E H U I N X M O D T
M A U E F O W C E Z O I K L R C I
T H A Q U I N N A T G T H A W A U
X S I L T I E I C F L T R D K T L
Q E L E L L A U U E T E T U A Y G
L J C I L I X Q J Q A R B R Y O F
O N U E Q Q D D S R V D P L H F Q
E N I N I U Q A G X Q A B A U Q H
R P X F F I E N S U A U U J R C K
X Q B H T D O E E E Z Q I Q K H D
C S R T Z D L S N R U I R C C G M
K U E L N A O K E F T Q F B H G U
P H J A G N D K I O I W O A J E Q
B V U K U Y K K L U U S A B O O Z
W Q U A R K N I G L O P H O Y H Q
```

QUADRETTINI   QUEENFISH   QUIDDANY
QUAHOG   QUENELLE   QUINCE
QUAIL   QUESADILLA   QUININE
QUANDONG   QUESO   QUINNAT
QUARK   QUICHE   QUINOA

Renowned Bridges

```
E H B C I L F M J Y M Z C T F R N
U U G O O C S E L R A H C O X Z Q
X B K N Y N A S F L T M V W N T J
A R D I T C F O R O B S N E E U Q
K O G A N B W E U A T W J R U D R
N O G H U T Y F D A I G I C E U K
I K R C O E A X R E A L H V O E S
M L E X C C T I P L R E T B S T W
I Y A B N S M A A D N A R O O S S
S N T V O O U T G G B A T N U F P
A V B O S L A R Y N H B E I W X U
J Y E T I E E A O Y E A A G O A Z
I F L P D L N P E H R D N C L N Q
T D T R A G U N A C P S L L F T J
E R H O M K D N H H G S I O X G U
X L D A H Y R Z N D C M O W G I R
B S I O S E P O L V C Z K B F S F
```

BOSPHORUS	GALATA	QUEENSBORO
BROOKLYN	GOLDEN GATE	RAILTO
CHAIN	GREAT BELT	SI-O-SE POL
CHAPEL	KINTAI	STARI MOST
CHARLES	LONDON	STONE ARCH
CHENGYANG	MADISON COUNTY	SYDNEY HARBOUR
CONFEDERATION	MILLAU	TOWER

Reverse Letter Order

```
V J G N R T S L I J M L K E I T K
P T M B A P L E A F P S A M N U C
N X Z K G U I K W T O E Y A X X A
Q N W U M C L E I R R Y B N L C Y
F E B K L O Y S F I O E G R J I C
A E N O P O O H E E L N E D E X O
O D Z J K S W Z F D G X G R G Z S
A E M E S O O N E L L O R S N P L
D H C D N E O I E D E R U V O N B
U U P I L M L T D K N B I O P M X
V J N R R I O R O Z A O N I S D E
Q L B S J N F P Q V V P P K D M S
V J V N E A K E U A A Z B S M C O
T H D K Z Y V V Y M T W D Y G M D
B M I M Q Q V S R E P U F Y A D P
Z K N G V V Q T S M E C E D K F S
Q E G E B T U T C I B T N O L Q M
```

ZOOM	TOOK	POND
YOLK	TONE	POLKA
YOKE	SPOON	POKE
WRONG	SPONGE	PLEA
WON	SOON	PIE
WIFE	SOME	NEED
URGE	ROLL	LIFE
TRIED	RIDE	LIED
TREE	RICE	FEED

Salad

```
I S R A E L I Y Q C O V T I I P U
N C E T Y G W F I P A A N D O T R
O H N W H H G J L C R R R B M B Y
R E Y A L N E V E S E I R X B G F
A F M A C X W P S P Q G H O Y P W
C N M D L S F P B D T H C F T M K
A P K W O L U A Y W Z A O Z U G G
M C S R T T E T T M D L Q F T N C
V W Q H U I P N N T I Q R J L N F
U A N N X U F T A C O A L Q W T Q
U T A S H R I M P Z S U S V P D H
K E Q U O F B N U E N P S Q C R L
B R K D O S I R A P I A H H S Q G
Y G L V P V E C S N F B P C U U B
H A O H R P J J A I G H L T Z F T
W T P W D Z I C X N A H P F Z E G
J E Z E A Q H I I G P V E R P Z F
```

BEAN	HAM	SHRIMP
CAESAR	ISRAELI	SPINACH
CARROT	MACARONI	TACO
CHEF	PANZANELLA	TUNA
COBB	PARIS	TUSCAN
EGG	POLK	WALDORF
FATTOUSH	RIGHA	WATERGATE
FRUIT	SEVEN-LAYER	

Salt of the Earth

```
D M R X V V U Z Y Q S E L G R I S
J E O A P N P I X F S L Z W E F I
I A Z S A O I K P M L F D C C Y T
I W L I P Z C W U F C A E U W G R
Y R I A D E K P H M U S K S N E L
U O H F P O L U C N F W O E T S A
R C B B S E I M E K P Q M K T I A
B K C M Z G N I L L E M S P N F K
B N K T L E G O E A D C Q G L F X
N A E B L F S C R Y E X E I G K T
L R T F D L I R Y D J C C L B K N
P A M H K L U T A Q A E A C B R F
Z E F L R O W R D O C H E N O A E
E G N A S E A Q U R C L S C L K T
A Z G M K O S H E R T Z P J E C C
Z N P E I Z O A F I M O C U I I A
L F W J M J M M C W P G Y J O L F
```

BATH	GARLIC	PRETZEL
CEDAR	ICE CREAM	ROCK
CELERY	IODIZED	SEA
CELTIC	JALAPENO	SEL GRIS
COARSE	KOSHER	SMELLING
DAIRY	LICK	SMOKED
EPSOM	PICKLING	SOUR
FLAKE	POPCORN	TABLE

Seafood

```
F O W L K M G D K T X D R N U W G
N Y M B R F Y A G Y R I C V B N B
F S Q A L A V P R B P E J T I G L
L T U S H R I M P F R C T R G J K
K E L P W I S V Q C C A R S O W F
D R U H O A M D A R S E N B B R Y
J Y F Z L T T A H C H C B X L O K
B X V M S J C F H D P X A G W I L
K I O N C H L O K I R G C L A M X
R N A H Y O M U L U A K U R L S W
E I H S U S I E V Q W N J T G O G
L W X N P Z S I F S N Y C E T V P
Y M D O C S U J V M B J L H Y A J
R E Y F U B C T D O E G U I O S A
R Z G M E Q I R R D O E H J N V K
H S I F Y A R C A R T M F A H F Y
A B I V P U E F F B H A M T Z W H
```

ANCHOVY	FROG LEGS	PRAWN
CAVIAR	HERRING	SALMON
CLAM	LOBSTER	SCALLOP
COD	MAHI MAHI	SHRIMP
CRAB	MUSSEL	SNAIL
CRAYFISH	OCTOPUS	SQUID
FLOUNDER	OYSTER	SUSHI

Shape UP

```
W D F O J O T D X O S B T J N K E
B R D P N K H S J N M O R A I I S
M N I M G O U E N I L C A B R I C
W F O O R B N R L R W T P R O O V
A G R R M S L A O I V A E B K C D
E W E O D W J U G P X G Z V G I H
N S H J L E N Q X O U O O Z O G O
L R P S K D H S N L N N I I E O C
D A S H E C Y A A O I X D Q T R D
E Q V B C C Y R S A M R S R O F C
E M U O A S P L V O A O I U L I K
W C N R J Y T K I C C A N F R T T
H E W E R E Z A R N N I V G N O J
T T D A Y S R A R G D J M K D V T
U M M G E S P I L L E E U Y S O X
D I S C E E R E O L E B R U K T S
D B R Q U A D R I L A T E R A L S
```

ARC	ICOSAHEDRON	RHOMBUS
CARDIOID	IRREGULAR	ROUND
CONE	LINE	SPHEROID
CUBE	NONAGON	SQUARE
CYLINDER	OCTAGON	STAR
DISC	ORB	TRAPEZOID
ELLIPSE	OVAL	TORUS
GNOMON	PYRAMID	TRIANGLE
HELIX	QUADRILATERAL	WEDGE

Spider-man

```
E  A  G  A  F  I  I  C  W  L  H  W  S  C  U  X  R
P  S  X  X  V  J  E  O  T  C  E  R  Q  X  I  N  K
M  K  L  L  O  E  Q  V  T  O  F  I  H  Y  N  F  U
L  Y  V  L  H  K  N  R  M  A  R  Y  J  A  N  E  V
E  S  U  Y  A  P  R  O  C  S  O  C  P  M  I  O  M
Z  T  L  G  K  W  A  M  M  M  Z  Q  E  T  L  L  A
C  I  E  L  G  U  B  Y  L  I  A  D  T  N  B  B  Y
B  C  F  I  Y  M  R  M  W  N  S  I  E  U  O  Y  T
D  K  B  S  Z  D  H  R  I  P  D  B  R  A  G  A  D
V  T  Y  L  O  S  E  H  I  L  E  J  P  W  N  S  A
A  N  I  C  A  E  A  D  Q  L  C  N  A  J  E  X  D
R  D  O  U  L  C  E  N  C  M  V  K  R  V  E  T  A
E  C  M  N  S  R  K  N  D  L  H  Q  K  W  R  Q  S
K  J  A  F  M  D  U  S  P  M  R  A  E  S  G  B  X
I  T  F  A  G  W  E  O  U  L  A  B  R  Q  Y  B  B
S  O  N  D  F  C  A  R  K  I  M  N  I  S  V  Y  B
O  M  R  J  A  M  E  S  O  N  T  H  E  Y  Z  M  H
```

AUNT MAY	MARY JANE	SKY STICK
BLACK SUIT	MR. JAMESON	SPIDER-MAN
CLIMB WALLS	OSCORP	STAN LEE
DAILY BUGLE	PETER PARKER	UNCLE BEN
DOC OCK	RED SUIT	VENOM
GREEN GOBLIN	SANDMAN	WEB

Springs

```
L Q I W J C O M P R E S S I O N C
N X N C G Q Z K V Q R K Q L C Q T
X J N V L S S C C V C E T F J A N
O D E K Q U E E C O I L T G S R R
B A R R E L T H L J J I Z R M S G
K R E W O P U C M I M N X I A Q G
T L I W L H L T H A G D C X S G W
O B X W A U O T D E G R R E R L T
S R A J C R V T F E O A D F V P T
D I Q P S U C A P J B E Z V R A Z
R N O I S N E T G W F H K I H Y W
Z M O U C L N T A L F P D D N N O
M N M J S B I R S I G N Q N K E H
F S U D F I D Q V C L L V D H C R
S T W R A X W J R B F P F Q V U L
P L A I U I F Z R A D F X W V V A
B Y U B X J W P Z B H E O G O S D
```

AIR	COMPRESSION	MAGAZINE
BARREL	DRAWBAR	MICRO
BED	FLAT	POWER
BOX	GARTER	SULPHUR
CHECK	GAS	TENSION
CLOCK	HOT	TORSION
CLUTCH	INNER	VOLUTE
COIL	LEAF	WAVE

Starry Night

```
A F N M O D J T G I D S L W B X N
D H E R C U L E S K N C P S D L N
P X I C P O Q M F N D F U I N B H
F O Y I L L E S H F U N O O C H V
N F T M S C U S F G E M I S E A G
Z E E R O I A M I V O T A U R L P
R G A O P N E R I R A G M R Q L R
M M P R M R O G C L I G N U R E J
Q V O Y C E R R L T K U Q A A Y U
T C T U A M G E T Z U Y S T V S V
S Q R X E P T A P S D R W V T C M
A Y A T Q S R F N P A S U A T O Z
E W E X N I J C N E I T A S Y M U
T O B O U O L O H I B D Q T Z E B
R O C S N G O C A R D U G K U T U
X R O J A M S I N A C G L I Z R K
S R E P P I D E L T T I L A B L N
```

ARCTURUS	JUPITER	SAGITTARIUS
ASTRONOMY	LITTLE DIPPER	SATURN
BIG DIPPER	MARS	SCORPIUS
CANIS MAJOR	MERCURY	SIRIUS
CLOUD	METEOR	SPICA
CONSTELLATION	MILKY WAY	TAURUS
DRACO	MOON	TEAPOT
HALLEY'S COMET	OMEGA NEBULA	VAN GOGH
HERCULES	ORION	VENUS

Sun

```
G B L A B L R H B C W I S X Y K P
F O A G G J Q O E Q C Q I S L T E
X L M G C A D G Y X N A M G E G F
T N P O A K T S O R S A W D A R S
C O P E O R T L P Y Q Y O M U E D
C M T W S R U B E T P G A T D L L
V F S V O P U R A B R D O A W V Z
N Z T K Q R I D S K Y O H N R L U
K C E D S F S H I N E S L K E L C
S M S T D S A H C A G D G R Q N B
T P B E R R O S I V L N B U R N F
C E I K I S S E D P C T I E P Z S
N R X J P S U M O U P R Z H K Z F
D X J O E S I R Z V O E J Z T S M
P F L M N D C R K O G O R V P A K
X R I R E W O L F I S H H O U D B
W T X Z D Q G A M D I H T J J P J
```

BAKED	DRIED	SET
BATHING	FIRE	SHADES
BELT	FISH	SHINE
BURN	FLOWER	SPOT
BURST	KISSED	STROKE
CHIPS	LAMP	TAN
DAMAGE	RIPENED	TEA
DECK	RISE	TIMES
DIAL	ROOF	VISOR
DRESS	ROOM	WORSHIPPER

Sweet Treats

```
J V N A P G N F S V U E E U D C M
P D M E W I N W T S K C O R P O P
J C A G N A W E A P D F Q X U X N
S E I T R A M S R Y U U G O B X W
N D L K O R B O B D K F D A I S K
V E G L C B F I U L S O B K W R F
Q N P A Y D A Y R T E Y A E L G U
E O G Z D B M Y S S R L E F X I J
S N B W N T E P T U P T K I Q B M
B R G B A P O L T W A E T C W B S
K A E K C P E H L R A S E M A E W
E B T L W J O Z T Y E X O P L R H
O I Z O Z V Y S M I X L L T J B K
K L L R J Z D U X I W T T I R X L
D B Q L V X I I C R H I T Y P D R
A A E B W H P W B G K S M P N S N
N M T R N S A N T S U S M S N S K
```

BABY RUTH	MILK DUDS	SKITTLES
BAR NONE	NERDS	SMARTIES
BLOW POPS	PAYDAY	STARBURST
CANDY CORN	PEEPS	SWEETARTS
JELLY BELLY	PEZ	TWIX
KIT KAT	PIXIE STIX	TWIZZLERS
KRACKLE	POP ROCKS	WAX LIPS

Syrups

```
K Z N G K H U S O R G H U M Y E Z
G G O P Y R R E H C G D H C E D K
G K E G B F T G A C D C J O N A J
G Z L N N L P A E T A L O C O H C
D T P Y I A U Q M E C N L O H M L
R U A S P D M E P A O F E N P U B
N A M A R C A B B Q R Y C U H U E
Y D Y V U M S N A E N I X T T J A
R A S T R A W B E R R Y N T J F L
R N O R F F A S H R A R E D F F L
E D A P E A T A Y E G R Y U L L I
B E B L J M Z O T P P F R I H I N
P L U C M E M N C E Y D M S O T A
S I M H L O E O C I O E V R S C V
A O A N J E N A G O R R K U G H A
R N U I R M N D W X P P K L X I E
H T M G I N G E R L M R A K G T A
```

ALMOND	GINGER	MAPLE
APRICOT	GOMME	PAPAYA
BLUEBERRY	GREEN TEA	PEACH
BUTTER PECAN	GRENADINE	RASPBERRY
CANE	HAZELNUT	SAFFRON
CHERRY	HONEY	SORGHUM
CHOCOLATE	KHUS	STRAWBERRY
COCONUT	LIME	TAMARIND
CORN	LITCHI	VANILLA
DANDELION	MANGO	WOODRUFF

Tablet Terms

```
T S T O U C H S C R E E N M V F K
V T G Z W Y Y K Y G N U C S R O J
N F B L U L F E X W G U T T J X E
B Y M U Z A Q Y C Z I Y M L Q D T
M S R R R N I B P R L K M J U G A
P L C E R O J O Z U M E M O R Y Y
Q C M M T I R A S C B N L A O L V
M A L A N T Y R I F H C N J S D Y
C D X M A C A D I D E V B Y D Z S
H W Y B I N G B O G E A A X E Z A
R X L S F U N S A M V M T I A O X
U E U X I F W R E F M C V U K J R
E M X T W A O E C E B O O K R Q G
T W A V P T J V I Y M L B T F E I
Y A L P S I D R V G R W B I M P S
N Q S H T C I W E Z H K M E L W L
Z M T W Y O K Y D X O T S O Y E L
```

APPS	FEATURES	MUSIC
BATTERY	FUNCTIONAL	PORTABLE
CAMERA	KEYBOARD	STORAGE
CLOUD	MEDIA	STYLUS
DEVICE	MEMORY	TOUCHSCREEN
DISPLAY	MOBILE	WEIGHT
EBOOK	MOVIE	WI-FI

Tape It Up

```
S Y T P I Q Q T S R Z M Q I V T Q
T O Y H S U Q G I R I K S A Z X M
S M P R E T S O P B E W T J N V J
J K G F C F L A C I R T C E L E R
W V J W U M E A S U R I N G U H E
O V X G R S Z H L N D D R I Q Y C
N J D Z I P V F T I O U O G A E I
O P X V T E A D H E S I V E V P L
I N S L Y W N G T T P S T I L C O
T N Z F K M N A R W U R T U V B P
C F V C V I O A H R O C A S A G T
E Z V I K B P U G P E S P C A C F
R Q D S S P V I N L O A I F U I J
R E A H I I C W F T U L F D M X B
O M X N L A B E O D I E L S E E X
C I G K L A R L I R R N M E Y D E
A C E A Z V N O E S M G G R C J T
```

ADHESIVE	ELECTRICAL	POSTER
AUDIO	GAFFER'S	REFLECTIVE
BIAS	INVISIBLE	SECURITY
CARPET	MASKING	STRAPPING
CAUTION	MEASURING	SURGICAL
CELLOPHANE	MOUNTING	TWO-SIDED
CORRECTION	PAINTER'S	VIDEO
DUCT	POLICE	WORM

Tea Party

```
F  G  C  X  N  S  Y  H  R  E  U  P  C  K  D  G  Y
R  K  T  D  B  O  P  Z  L  Q  L  E  N  G  L  V  L
W  T  H  I  M  E  T  I  Z  B  C  O  K  O  H  H  K
B  H  G  N  H  R  M  S  C  B  N  P  O  A  M  X  C
F  Q  I  S  S  O  Y  O  O  E  Z  Y  V  S  O  E  A
M  J  L  T  M  U  X  B  V  B  D  Y  A  H  E  T  L
V  L  I  A  E  T  N  I  M  R  E  P  P  E  P  X  B
S  O  H  N  V  K  R  O  T  F  E  I  F  R  U  F  F
I  C  Y  T  S  U  M  O  T  A  D  I  F  B  Y  R  P
I  I  G  A  B  Y  P  R  R  X  S  G  Z  A  T  H  B
C  O  O  L  O  N  G  T  O  E  G  P  R  L  T  R  E
V  L  E  A  F  O  H  R  M  A  N  G  O  E  E  K  N
G  N  F  U  U  Y  A  O  C  H  E  I  V  W  E  E  H
D  Q  N  R  J  N  P  U  C  W  K  F  A  X  W  N  O
I  I  M  A  G  I  N  A  R  Y  S  X  U  R  S  Z  V
U  E  M  E  X  Q  E  X  W  H  L  E  R  I  T  M  S
T  Y  T  Y  E  P  E  M  W  B  G  K  G  J  O  S  E
```

BLACK	IMAGINARY	PEACH
BLEND	INSTANT	PEPPERMINT
BOSTON	LEAF	POT
BREW	LEMON	PU-ERH
CHAMOMILE	LIGHT	ROOIBOS
CUP	LOOSE	SPICED
EARTHY	MANGO	STRAINER
GOURMET	MUSTY	SUN
GREEN	OOLONG	SWEET
HERBAL	ORANGE	WHITE

The Classics

```
Z Q U X T F I T P S C N K S C T J
R L Y C U L E V O L I I X T H S K
W A L K T H I S W A Y B K E F H F
L Z O G J V V Z R T E M M T S T B
R E M I N U E T I N G A P R T F L
Y E U T N J N V B D G B V I H Y A
L I K R H O T E I I T R R S G A C
P I V C G E E C C R R E E X I Z K
I O T A A H P F E O A O L O N K B
N I W T I R L I B P H T D M N U E
O H B V L U C I X N S N A O A A A
C L E E T E N T A I E E J L I H U
C S L E N H W V U T E B R L B C T
H A E E O H I O N N S N B E A S Y
I J I O T B U I M S E T M H R P F
O L D J W O N R S E M H G T A Q J
A C N A L B A S A C N M T O B X Y
```

ARABIAN NIGHTS
ATARI
BAMBI
BEEHIVE
BEN-HUR
BLACK BEAUTY
CASABLANCA
HAMLET

I LOVE LUCY
IVANHOE
LITTLE WOMEN
MINUET IN G
NINTENDO
OTELLO
OTHELLO
PINOCCHIO

RESPECT
ROBIN HOOD
TETRIS
THE MAGIC FLUTE
THE NUTCRACKER
THE PIXIE
WAGON TRAIN
WALK THIS WAY

The IN Crowd

```
D U L G E C M Q O A P T I B A H C
E L T S R F A T C E S N M M C D T
T T T E R Z C A O L T Q G V L P R
T C A Y R E J A M P E A T O U U I
P S E R J R F I P S G M G T D Q G
E Z N R O L U Y L T Q Y E I E Y U
C E E O I P M P E P T N S N T P E
S T N K V D R R T N A P H G T S O
A A S T D A P O E S O B O O D J T
P T S F S R T I C S L T B C P A Y
G I P X E S N E E W T P U I I G O
S C I T F E T N A C I F I N G I S
I A D V V X A T E R R O G A T E M
A P T N A N G I D V E I X T G L C
Q A O X A Z N G P G S R A M X S X
T C B Z Q L J J W S G C U R C T Y
U C A H O O T S V E T H C S O U N
```

CAHOOTS	DIRECT	SIST
CAPACITATE	DISPOSE	STIGATE
CLEMENT	DULGE	SURE
CLUDE	EPT	TACT
COGNITO	HABIT	TERJECT
COMPLETE	LAND	TERPRET
CONVENIENT	NOVATE	TERROGATE
CORPORATE	SANE	TERRUPT
CREASE	SIGNIA	TRIGUE
DIGNANT	SIGNIFICANT	VEST

The Mighty Pea

```
D O V G U X Y V M A N G E T O U T
V E F K U G A S K F D U A O O D Q
I D E N N A C H B C I R N S I E T
L N B G N I T S A L R E V E B N V
K G L S P R I N G X R B L Q T V U
G H A U W T E S E E Y O T D I L Q
H Q C T X E M T D E C O W U L N F
L F K N A A E W O A R G C U P A L
A G E S Q F O T V O E G H F S F J
I I Y R O R W A S N H E I F D R Z
N M E G C U L O G N L S C H F O U
N U D Y A A T L R P A A K R N Z D
E L X E N R I H R R L P E M H E F
R N E C A S D U E O A S H S I N G
E L H G H L P E G R H M N R J N A
P E U H I S T N N J N O D N A W B
C S E W E J A M H G W X Z X L H L
```

ANGOLA
AVALANCHE
BLACK-EYED
CANNED
CHICK
COW
CROWDER
DRIED
ENGLISH
EVERLASTING

FIELD
FRESH
FROZEN
GARDEN
GOOBER
GREEN
MANGETOUT
MARROWFAT
PERENNIAL
PURPLE HULL

SHOOTER
SNAP
SNOW
SOUTHERN
SPLIT
SPRING
SUGAR
SWEET
WANDO
WILD

The Simpsons

```
F R I B C Y C I A P U Y M P N B Y
O E O T P P X J B L T S B J W I D
G N F V C A S K R T I C Q X N Q Y
Y N R E Y H C T A R C S B I G R P
V I A V I L Y P H B T A A R B D F
D K T K E G G C A R L X R R B R C
B S S N J G G K M H W M T S D Y I
C J N Q E K R A B A P P L E H N M
U Y R C U U C A M H Y U N N A S H
W Y U O S I K A M H G F A E E B N
Y N B T X H M J R X O Y G P Z S W
C N Y T K L V B L Y E B V A A G B
D M B O E W A I Y N M D D Q D Q N
H I N S H O M E R R D U V E N O Y
Y G S O E D U A M O I U N T R F V
J D Y J L S B O R N J O B R H T N
E I R E E U E D G Z X P D D O T Z
```

ABRAHAM	KONG	NED
APU	KRABAPPLE	OTTO
BARNEY	KRUSTY	PATTY
BART	LENNY	QUIMBY
BURNS	LISA	RODD
CARL	MAGGIE	SCRATCHY
HOMER	MARGE	SELMA
ITCHY	MAUDE	SKINNER
KANG	MOE	TODD

Tubular Pasta

```
Z H D I J N P X U I I F A K D S Q
Q E P I L X I A N I E I E O C G A
C S G L T C S O L J R D N Z P C T
A H C P Q A T C E L L E N T A N I
V E B F E A L Z I D Q A H Y X Y Z
A K F S G N X I H T E U T C I N R
T T J I O F N Z N L T F P N C T X
A E R E L F J E I I D O I U U A Q
P S Z K E Y C C A B U T C F I E P
P G O M I T O B J E A P F I L G N
I R E F F I H C Z C N O O J N U U
X S R Y D P I I U Q L N U C A A E
P V K A N L T B D I I G E R I I M
F A L V Z O J J E Z Z E M R C O U
N I N I N O L L E N N A C K T C K
G X H I T H Y L U L X B K Z D P R
O L I S X G F O L E N T G F G P G
```

BUCATINI	ELICOIDALI	PENNE
CANNELLONI	FIDEAU	RIGATONI
CAVATAPPI	GOMITO	TRENNE
CELLENTANI	MANICOTTI	TUFFOLI
CHIFFERI	MEZZE	ZITA
DITALINI	PACCHERI	ZITONI

Unique-Shaped Pasta

```
H X D U K X W P X L A L A D N A M
C R A D I A T O R E D Y H S F Z K
E P C O I Y H Y I H I K C X A X J
E L L A F R A F V H H E E P N P M
I I W W V G O L N I C A R K T V K
D N V J N A A I F I C R E O O M F
F I I A R N T F F O O A O F L H J
B T T L T O U E R T N P I T I E F
B O I E O S T Z L E G T P G O R C
B R R L I I E E L L T A R X N Q A
L N S L L T C L L E I D P O I I S
E U L P T E I C X L J Z Y S F G X
N I R I R R M O I H E N X Y I I A
U G H T A W R E P R N C R G F W E
R L S M E C R K G T R I L B L O P
R C E N C I O N I P P I U V Z J A
Z G A H H U T J Y R I T N U P A C
```

CAPUNTI	FIORI	MARILLE
CAVATELLI	FUSILLI	RADIATORE
CENCIONI	GEMELLI	RICCIOLINI
CORZETTI	GIGLI	ROTELLE
CROXETTI	GNOCCHI	ROTINI
FANTOLIONI	LANTERNE	TORCHIO
FARFALLE	MANDALA	TROFIE

V Verbs

```
E J C M U V D D P V A R T I P D E
C T F Y M F X F O I L L R W E T S
A V A O L V O Y V S I L L E V X E
M V E R I F Y A R U M C O I P D T
Z V V N B V C F L A I V S V A Q A
F P E J T I O X C L V I T K B V D
I C A U L I V L A I T T I N L R I
L W D L L A L A L Z L R E W J J L
I R A N M A H A E E U I Z N V J A
Z T E O E S V T T Y Y F I G E Q V
E H O E I V A R R E S Y L Y E M S
H S T N T N A O E Z I L A B R E V
E I A S I N G C M I O H T O Z E N
I V Z C M U U C A V N V I S C X S
H A C D Q C P L E T O V V I W C D
I A E W V A B Q O W E E O Q B V U
V A P O R I Z E N V B V P V X I E
```

VACATE	VAPORIZE	VISIT
VACCINATE	VARY	VISUALIZE
VACILLATE	VEER	VITALIZE
VACUUM	VEND	VITRIFY
VAIL	VENTILATE	VOICE
VALIDATE	VERBALIZE	VOLLEY
VALUE	VERIFY	VOLUNTEER
VAMOOSE	VIBRATE	VOTE
VANISH	VIEW	VOW

Weeds, Weeds, Weeds

```
H Y V I N O S I O P Q M C R F G X
M V T Y O N C S N L F H S L D M Z
X E G L X D B O E F I O E Y D C S
R C C B I T E R C C P E X O O E G
A U H U J M R E K K C I R T N N Z
L T A R O O N W W E L N G A A O P
J T C D S X E O F T E E L W S I C
E E W O E E A L C D E S B P E L L
P L P C D E O L L H R P U U O E Q
Q Y T K Z W W O I U A R R V R D D
T L I S E M G G P S G R E A F N A
E K J R I A H C A E D R I Y C A M
V C J K P H V E J R T T L S T D A
F I W D W T T E N F L Z B G I G U
H R T V E G Y W B B C L W L X Z D
I P C A M U S N O S I O P Z P N J
W P F D L F J J Q S V T V A A S V
```

BURDOCK	FOXTAIL	POISON SUMAC
CARPETWEED	GOLDENROD	PRICKLY LETTUCE
CHICKWEED	HENBIT	PURSLANE
CLOVER	LIMNOCHARIS	RAGWEED
COCKLEBUR	OXALIS	SORREL
DANDELION	PIGWEED	SOWTHISTLE
FLEECE FLOWER	POISON IVY	SPURGE

Wh Words

```
A  S  O  R  U  I  C  Y  L  E  A  S  V  W  T  T  S
I  E  O  Y  E  D  R  V  E  L  L  F  W  H  M  K  M
Q  L  F  K  Y  P  Q  U  R  S  B  W  B  O  O  W  B
M  L  F  R  E  K  S  I  H  W  C  H  A  S  H  B  D
W  O  W  N  Q  G  H  I  F  W  Y  W  K  E  Y  O  E
Z  L  E  E  H  W  W  V  H  E  H  H  Y  G  R  Q  U
J  L  R  L  H  A  P  W  L  W  D  I  K  G  Y  M  X
X  Y  K  T  I  W  W  T  H  H  K  F  P  C  D  C  S
H  M  T  I  O  H  S  H  B  E  A  F  Y  U  G  J  V
Y  I  O  Z  A  I  W  U  E  N  R  P  Y  Y  N  M  V
C  G  K  C  H  W  W  H  I  T  E  E  M  C  I  Z  Q
A  O  K  W  H  E  E  Z  E  Y  H  W  T  E  L  T  O
P  Y  R  I  N  K  J  N  H  L  T  E  F  A  A  N  D
H  C  C  W  I  I  Y  Z  A  A  L  T  R  E  H  L  M
F  H  W  H  O  K  E  S  H  O  M  Y  H  R  W  N  S
J  P  O  Q  H  N  O  W  H  I  M  W  Q  S  O  G  X
L  F  S  E  F  I  Y  W  B  L  U  Q  Q  F  K  H  J
```

WHACKY	WHETHER	WHIRL
WHALING	WHEW	WHISKER
WHAT	WHEY	WHISPER
WHEAT	WHICH	WHISTLE
WHEEL	WHIFF	WHITE
WHEEZE	WHILE	WHOLE
WHEN	WHIM	WHOSE
WHERE	WHIP	WHY

BON Words

```
T  R  I  Q  G  P  K  E  M  D  V  R  V  A  O  W  F
S  J  W  B  S  G  Q  L  B  I  A  O  K  P  C  C  C
P  R  O  R  O  K  Q  Z  O  B  V  N  Q  N  Q  W  D
H  S  U  I  D  N  T  F  N  J  O  B  O  M  P  N  Y
O  J  Z  O  G  Z  E  B  J  B  W  N  V  M  O  H  E
O  V  I  S  J  N  N  C  O  U  Q  S  D  F  G  B  I
N  D  H  N  N  N  B  V  N  U  E  D  I  L  O  C
G  V  B  O  N  T  O  N  I  N  S  B  E  D  N  N  C
H  M  B  B  P  N  B  B  X  Z  P  A  U  Q  O  G  C
S  R  I  E  A  Y  O  M  G  C  Y  A  I  G  J  O  I
S  V  Z  N  T  N  N  Z  D  G  V  H  I  V  D  X  K
M  U  Z  H  F  D  V  O  N  W  N  Y  S  L  V  F  Z
Z  A  A  I  S  U  N  O  B  W  K  F  Q  T  R  A  F
Y  G  R  Q  J  M  B  Q  J  D  E  Y  N  A  H  E  N
W  E  G  A  D  N  O  B  F  Z  B  T  W  P  T  R  F
W  C  V  N  O  U  J  G  G  J  S  H  S  L  E  S  O
J  M  P  B  O  N  A  F  I  D  E  Z  A  Z  K  M  E
```

(18 ARE HIDDEN IN THE GRID ABOVE)

Cat Activity

```
W D Z P R E T T A H C M B T F T D
I Y R N E T C P T A U V O G G X V
W Y V L D V M N U D Z N Z H K U Q
H R H U I J O L U R M S T C I M L
S O I Y H N F L W O R G F T G I H
Y E S D Z L A Q O F P S B A Q S G
H E N E Z I O R M E O W C R O Z V
K A S M Y C G S E O A U L C Z Q P
A T T A C K D L T L J Q I S L M E
F F L N H Q S Q C A K A M K R O Z
O P O D H C P R O W L A B G I T T
I J J M S M J S S I H K E E T I L
A Y U B U R Z N Z I N K N P L V K
Q R R J E F F E I E N X W Y A I B
A S F E D R C M A J I X P C K E F
O I D T X R W D N X K Z A R V U L
U M Z P N K S X M E R T M G N E Q
```

(27 ARE HIDDEN IN THE GRID ABOVE)

CON Words

```
M D E Y C M D N E C S E D N O C I
P E T C O C N O C H C V O N Q D J
E C S S N Y C O N O T I C O F Z C
I O M N C C N O N Y T N C I I V O
T N E F E F O D N C P O U S Z R N
T C F Z I D O N E T N D A S X B F
E I U D V N N F C F A B H E X C I
F S E R E L N O L R L G W C O W G
N E H O T O G I C C E A I N A H U
O S R J C S C O O M C T E O A X R
C U U X Y T N N R P S O E C U T E
Y Z M J U S F O I J M S N S N S Y
K B D J C U F J C F K N E C Q O U
R E D I S N O C F P J X L F E I C
U A O E O K C O N D I T I O N D I
Y U K C O N D U C T S W X X S O E
S C O N C L U D E M E V A C N O C
```

(27 ARE HIDDEN IN THE GRID ABOVE)

Conjunctions

```
K B O W O R R T U Y Q S A J V U H
L F T P H Z O O S E H C L X K J J
E L I H W A N O T N U A U Y W I R
N I E N A C T R E T F Q W O M V P
C T S P E H E V V T U B F L Q P F
K N U S A V L D E P Y T I K A W I
I U A T E L E R N A E W K O X E V
C A C R I L T K T A Q D U D P O V
Q R E T W D N H H F S O A D C T F
S H B V R Z O U O W Z T V Q G L T
W H E N E V E R U U W J D T Y M K
U L F E C Y B J G U G N C H C T I
O M O R E H T E H W E H B K Z H K
V X R V C E D N Y W Q L I J T Q O
X D E E Y N E S J T U K B W B H Z
Q S B E C P N I V Q C W P R Q Z T
V F A T M N O G S I N C E E E Q T
```

(21 ARE HIDDEN IN THE GRID ABOVE)

Do the Math

```
Q O X L J S W C T O I M T T J U I
X R B O P A Q Q U J T F E O A Q I
K K L G W Q D A Q T U C N P F U Q
O I S I U R P V V R I V P O X G K
I I T C Y S T V A S G L V L W O E
N N S C I R O T A N I B M O C N D
C Q E A P S T B F E C W Y G E P D
J S H G B C Y E D A I E A Y R D C
K V X J E D G H M J S L D O L A V
S D D L H O R C P O G E B M L B S
L N F E N F M X X E N A P C C I J
F W D Y R T Y E B W B O U C S X O
S D F W I U V R T I Z L G Y I I V
E U W O V M A D L R U Z L I Y A A
S T A T I S T I C S Y A R C R G X
I O F I N I T E G M N C K I B T R
N M I Q K Y V V Y S A N B T X Y I E
```

(15 ARE HIDDEN IN THE GRID ABOVE)

ER Visit

```
U Y E F T G E Y C M W W F L P B H
E W T C T R Y S M O T P M Y S N Q
S X Q R N U E N R W D W O L A P G
G L A D A A P A W U E H N Z P X D
I H A M M U L X T C N G I A S H X
C H X T V S M U N M U Y T U H C S
O E G A I R T A B R E F O Q U F U
H R E L A V R D N M B N R F E P T
B L J F T U Q E E N A F T X I C U
T K F J S E Y M E O Z V F R H X R
S S N N E V E G D I S C H A R G E
E T I O T R Y O B T F X H Y M V S
I R A H G X C K C C W W R R Z P I
X V A E O T N Q H E T N A C L L V
M R N C O Q O N D J L A C I D E M
R C A R D Y R W J N Y P N W T W J
Y M B D N C X J E I K T X N J O E
```

(24 ARE HIDDEN IN THE GRID ABOVE)

Fall Vegetables

```
N Q D V I G H Q F A S T H S U S H
F Z C B Y Q X H T Z H N T A A W W
H B M Y M W L Z T S B N C C I S I
S E W V W M O G T P Z P A X D D T
R E V J Z C A U L I F L O W E R N
S T H B F Q R H I N I Z R O S R L
M S G S U N K E G A B B A C A S Y
W J C I I S S B I C B M A X G A Y
M K Q P J D H B C H P C B L A X Y
K X S I T C A S O A H X V C B G F
M U S T A R D R N C R T O E A U B
S M F K I A G T H A V R C V T W R
S N L H M Y W A U N P U O R U K C
I L O C C O R B F K T B X T R P T
F K Q I P D W N P T H C E W S M V
G Q L S N U B F E S S H L A D X Y
L S R N K O V L O J Y A O K N L T
```

(15 ARE HIDDEN IN THE GRID ABOVE)

Fan Club

```
I  N  J  E  N  A  D  G  K  S  O  W  J  S  P  J  A
L  O  I  U  A  M  T  N  M  N  Q  G  R  R  R  F  A
R  S  H  N  P  T  H  I  A  K  K  A  O  X  C  X  I
S  C  L  M  T  J  T  L  L  H  S  P  F  N  I  S  A
Y  I  A  T  S  Q  U  I  R  R  E  L  C  A  G  E  W
N  L  G  L  G  G  N  E  C  L  D  U  L  P  T  W  Y
L  L  U  P  A  M  G  C  L  J  F  F  E  W  V  I  F
H  A  F  N  U  I  I  E  N  O  I  D  R  O  C  C  A
C  T  I  Z  R  W  R  X  D  V  E  R  E  W  X  L  N
R  I  R  G  D  R  D  T  E  A  A  X  O  K  G  F  D
F  N  T  S  T  R  O  P  S  D  E  L  H  N  H  W  A
C  G  N  H  G  J  B  O  I  U  F  H  I  A  V  U  N
Y  P  E  R  S  O  N  A  L  S  D  L  R  W  U  K  G
K  A  C  C  X  H  T  K  S  F  O  N  O  E  D  S  O
K  G  O  U  J  O  K  O  Z  O  P  J  I  W  V  I  T
X  A  P  C  R  X  R  S  C  H  C  U  R  X  F  O  I
Y  C  I  R  T  C  E  L  E  Q  P  D  G  F  S  Y  A
```

(24 ARE HIDDEN IN THE GRID ABOVE)

Fruits

```
X W T N A F L R J P P L L X K I M
Y F A O M N S G K N E V Q I P O C
P X U D C A A H L Z A A W K Y H U
M O Q T T I N N Z Y C I R V X K Y
F M M S N C R E A R H H N T Q S G
V I U A M I N P C B L E K Z E C E
Z M K L R S A R A T N T A S Z M N
A S G F P P I G T D A T E T E A W
E Y C H E R R Y U H D R Q F A L D
P M P T E Z U F L A F C I D G Y R
Z C I L G U D E G K V G K N S C G
I A P L N O M M I S R E P K E H G
E P A R G O N N W A D L D I B E P
A S N N N J V D N B D C R W F E T
R C A U M L P R B S T Z T Y Q K U
M M U D C Y S W Q H P C Z S P Q J
P P Y H G O X K E O R A N G E X W
```

(24 ARE HIDDEN IN THE GRID ABOVE)

Horns

```
K  T  U  G  S  E  F  W  G  Q  K  B  H  A  K  R  H
X  Q  M  P  B  Y  V  Y  A  B  K  K  H  H  B  O  W
I  P  S  M  U  M  A  S  B  U  M  F  Y  C  U  U  Q
M  P  C  C  L  Y  B  P  R  K  M  W  G  N  T  W  T
V  P  R  D  L  Y  E  I  I  K  W  X  R  E  W  B  S
A  S  H  O  E  H  A  N  E  E  R  G  P  R  B  A  M
F  I  N  N  N  F  P  Z  L  X  M  M  X  F  D  I  A
C  G  P  E  N  G  L  I  S  H  U  H  E  D  O  D  R
R  A  F  O  H  S  S  F  R  R  R  P  L  W  P  F  H
Q  K  R  B  C  T  L  A  T  E  I  E  G  G  A  Y  L
K  S  V  G  N  U  R  V  W  Q  Z  D  U  A  E  E  R
T  M  N  M  G  I  N  O  Q  G  G  I  B  B  G  D  A
Z  Q  C  E  D  O  L  R  M  B  M  C  K  H  J  V  P
K  A  L  T  O  F  F  B  O  B  T  Z  O  O  O  X  J
F  O  M  X  I  U  C  W  B  C  O  D  Z  B  T  Y  E
C  M  W  R  Z  W  X  U  S  C  X  N  I  K  F  B  A
I  J  X  R  T  M  C  Z  C  R  E  O  E  Y  R  H  Z
```

(24 ARE HIDDEN IN THE GRID ABOVE)

In the Wash

```
A E J B U H B T P B E U Z O O N M
O T N O C C X B Q H J K T K H G S
F A W S O A K F R V P U M O D W N
L C Y C L E Y F S D U W S I B H K
R I Y A O L A R V N E P O G A I D
X L M R R B A U D L I J R L Q T K
D E T E R G E N T N M F X Z E E F
F D S I D L F N N C U T Q M V S W
C N C N H I E E V T L A P Y I Q U
T O H L I G U M P Y U E L Y O O X
N K L G G R G M R I R B E T A T T
T C S D H O R R L A Q E W J P Y J
R T C N D I Z J T J W H Z O U N O
P F J J A D O U B T S X O X O Q W
H A W A Z A R E T A W V G T N L V
S G D N W E E N W O I T M X B V R
C E X U L S G S R E N E T F O S G
```

(24 ARE HIDDEN IN THE GRID ABOVE)

Insects

```
K A O T H G M H G X H R N E G Q U
U G Y T N B A O E T K Q Q F O X V
D H U U E A D A C I C F E Y H T H
N E C I L R E T K Y W Z A S I H V
I E K M T D M R O W K L I S U T J
F Q H A E C G I I L Q W C P I O M
U M E Y E U Z N T F Q S E W V M L
Q D T F B J M V H E Y I N E U V K
I S I L V E R F I S H M T P V N F
Y B L Y G A T Z M H W L I Y Q I M
G I M Z N S F O X C D U P R X D L
P U D A U I S M R R W I E N U M W
J Y B C N Q Q I A A V P D T J C O
G N O Y U T C D S N P F E Y C N F
O L A I D K I P M O A N G U T U L
D L T R E A T S U M K H V T E A Q
X O M T R O L V P R B B Y N Y L K
```

(21 ARE HIDDEN IN THE GRID ABOVE)

Lasagna

```
F H G Y M U W V Y X E Y V G T E R
K J B K H T H L P N V S J B E J Y
R G Z Y L R Z D S A R R P I C H V
J H R M E A E L C R R H W T X Q N
N V O W X L M P A N L M G B R V Q
M C P W T G S G P B F C E Q Q N S
P M Q X A K U R D E V E Z S L F E
J L H R J S T O A Z P A N M A Z O
N L L M N D O U C P H O L N L N T
E I T A L I A N S A U S A G E G A
C S G M D T O D I Q U O D N E L M
V A M K T O N B W O P Y O S U A O
K B A O D V D E H H N B J Q V M T
D E C L P Z M E Q S P Q Z Q Y L B
W I E K L F O F A Y T E S N B X C
R S U F K J A L L E R A Z Z O M P
T V A T R F T L I T O B K D K S Y
```

(15 ARE HIDDEN IN THE GRID ABOVE)

Lunch Is Served

```
O B F H M X O R H O Z L P X I P M
S E J F L X L W Y Y H E H H W F O
V L S R E D N I R G M F B Z B K N
R G O E S E E H C D N A M A H P T
E F Y P R H B I R P N L N N O H E
G P A R P P D T O R T A Z T O U C
R L I Z O Y A O S M P F A R K K R
U L K N X I J C E A A T S L O M I
B Q C V W I C O T P O E W B L X S
M H Q Y N H U T E S S R T J I C T
A G R I L L E D C H E E S E U I O
H V N J V L L E O Y Y I L C L A S
X A Q V A B K E L A P K U S A B P
P V D F F C L T L T C M E Z X A E
R T F D K T C W N U B B I W R T O
T U N A M E L T N E W X T W Z T Y
M X S P F A T K R Q C F W X M A Q
```

(24 ARE HIDDEN IN THE GRID ABOVE)

MON Words

```
H L S P G Z R W X U Y B J A B I B
A S Z U P Y O X I L M E Z Z M X M
G C O T F Z A Y M I B S K W O O C
L E R G N O M D G A U I C N N B G
Q C G S J A M E N R I H P A O U E
J M O N G O O S E O T G R Y C M X
R I E O G R N T Q N M C H L L W Y
E M N M E A S X O O H K A Y E L B
F O E G O Y T M R M W V C N A R B
M B N M O N R M N N B N E I R M B
M O N I E S O E H D V U C J M N H
M C N U D N S G T C W C O M Y W K
Q R U S O K I Q R S K Y U Y M Z Q
O O E P T M T Z S A A L G N V S U
A L O R L E Y E N O M N S P B A Z
K L Q Q Z R R U S V U R O U D Q B
Y R A T E N O M H S W H L M K Y S
```

(18 ARE HIDDEN IN THE GRID ABOVE)

Picnic

```
J  B  N  U  Y  Q  X  N  O  L  E  M  R  E  T  A  W
X  N  P  T  R  R  P  H  R  M  D  T  J  R  L  F  F
S  R  E  G  R  U  B  O  T  H  E  P  E  N  J  R  H
I  E  I  K  G  T  M  L  T  O  N  M  O  K  U  H  C
B  A  S  E  B  A  L  L  F  A  L  I  O  I  S  H  D
K  B  N  E  N  C  W  N  R  R  T  C  T  R  E  A  I
P  R  E  T  Z  E  L  S  I  A  I  O  E  E  I  U  B
G  S  I  S  S  E  S  E  E  Z  X  A  S  L  Q  E  I
F  C  P  E  W  W  E  R  D  C  M  E  H  A  B  Q  S
T  S  K  H  G  B  C  D  C  A  M  S  O  S  L  A  J
E  J  P  C  S  E  T  R  H  B  N  R  H  F  E  A  T
K  D  K  I  R  S  S  Y  I  A  T  O  B  D  P  R  D
N  A  R  W  O  F  L  C  C  Q  A  O  M  B  H  V  F
A  F  N  D  P  I  H  E  K  K  G  D  Q  E  W  I  S
L  W  A  N  M  I  B  R  E  A  D  T  F  Q  L  C  D
B  D  V  A  P  U  E  J  N  G  E  U  B  S  K  N  Y
Q  E  F  S  G  O  D  T  O  H  N  O  A  K  L  Q  D
```

(27 ARE HIDDEN IN THE GRID ABOVE)

Rug Burn

```
A B P D L P Z U L Z K M Z D Z N T
N B O K H A R A F Y U W E R S H P
T M O O R H T A B G M K J Q P I L
I B C E U N C J L D O N U F L A A
Q T I B E T A N H O Y A J C R S Y
U E O I G T D A H C R I B U F Y T
E M R U D D N O H E H S F U U N G
G O P N Y D E I O P Q R M T E T J
A W U F M R N S K R K E M C G H D
Z O Y A E E T O I S T P C H H E S
R I D Y S O H N T G R A Q N J T L
B E A E V T S W U T N A I D N I C
N R E D O M H S O O O E E R K C Y
P C V L N K I R M O C C R B R H B
E A R E A S R X O K L I S Y Z G K
E J E D A V N O H W O J A V A N L
E O A L J U O T V X W Z Y B O W W
```

(30 ARE HIDDEN IN THE GRID ABOVE)

Spice It Up

```
G U K L I U R E P P E P F M A C H
E E Z B E U G O C I A P B H U L M
G G L Z I N X C I M G P V R O Z M
O A L L S P I C E W E E R R D U W
O S R G G L E M Z E M Y E I A E G
F N R L A Y U Q T N T S B I K B L
I D A N I V R L N O U W G S T A W
Z C T G I C A E O M N G X I D C N
Y R A M E S O R D A S V F R S X Y
O A I G A R W W Z N P E O B S T Q
L I S A B O O D V N A G V Q N L D
W Y Q U R E E G C I J I N O Z Y J
C R H R M N I M U C I Q R T L K T
M C A Y E N N E B J N F S O F C Y
U W H U G M E O U L F N S B C W Z
K T X E Y J V H U A O N O X E I H
F O R X W A Z U S S P W L K F G A
```

(21 ARE HIDDEN IN THE GRID ABOVE)

Think Big

```
L O T W Q V P T N A T R O P M I W
G A A N B Y D L W I J H A C V J X
Y E L B A E Z I S R F J U N A S G
T D L V U I E X O E G M T G V S T
F O O B A L G Z N P B D T N E C R
O I W O A N K O I E B L S T W E B
L M R E G R R Y R S A O A Z T G Q
H M L T R M E S W I L E V A N U E
H E Y I O I O D T H R L N Y A M U
T N X U F M N N I G O A U Y C A V
R S S H E E A G P S D P M F I E F
W E D I W T S B B U N O P M F I S
Y I F Z S K H I L N O O G I I L H
E O E B E C G T Z R C I C R N U Y
F D U N Z L A R G E N F N J G G W
J S P A C I O U S U I K P C I Z W
P W Q E X T E N S I V E K U S F P
```

(27 ARE HIDDEN IN THE GRID ABOVE)

```
O R B M O S S X B F T R X F P R Q
B L E B R O C H T Y O E S O N R C
U P I A R L L S E K A T Q K E I T
N G I C O I V H B L N S C P O N N
X I R C N O C V A W F O A L I O Q
V C K O T E B K H Q Q P I A C J H
Y L Y I C U T X P T L W P N W U A
A E V N B K R S L L H U Y T U J Y
T E O M W C P E A S O N Z E C D N
S C R L G A F W C H X W Z R O I Q
S L V J R P X U F T R C H O R U T
Y U T H A W L R R W A O W C K E P
Q E G N I P L A Q U E L R I R X N
T T E X T U R E U V R F A R Z G A
Z L S U M U D P V N F D Q T I W J
W Y R T S E P A T K C H I S E M A
I E G K U Q R R D I R K L K D M B
```

(27 ARE HIDDEN IN THE GRID ABOVE)

1 — 10-Letter Words

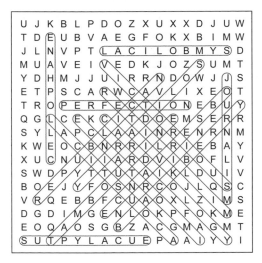

ACOUSTICAL
BLACKBERRY
CARDIOLOGY
CELLOPHANE
EUCALYPTUS
IMPORTANCE
JOURNALISM
MILLILITER
OBSERVANCE
PERFECTION
REPUBLICAN
SOLIDARITY
SYMBOLICAL
TAMBOURINE
VICTORIOUS

2 — Action Films

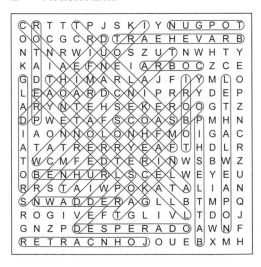

ALIENS
BATTLESHIP
BEN-HUR
BRAVE HEART
COBRA
CON AIR
DESPERADO
DIE HARD
DIRTY HARRY
FACE OFF
GLADIATOR
GOLDEN EYE
I ROBOT
IRON MAN
JOHN CARTER

LETHAL WEAPON
PREDATOR
RAMBO
RED DAWN
SPEED
TAKEN
THE ROCK
TOP GUN
TOTAL RECALL
TRANSFORMERS
TRUE LIES
WANTED

3 — Action Heroes

CHAN
CRAIG
CRUISE
DIESEL
FORD
GIBSON
JOHNSON
JOLIE
NORRIS
REEVES
RUSSELL
SEAGAL
SMITH
STALLONE
STATHAM

VAN DAMME
WEAVER
WILLIS

4 — African Violets

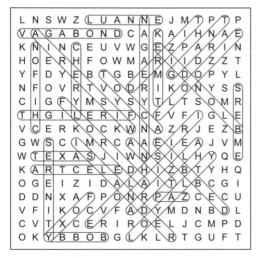

ALZIRA
BLONDIE
BOBBY
CHERYL
CHIFFON
DEBBIE
ELECTRA
EMBERS
FIRELIGHT
FLOOZIE
FLORIDA
FOXY
GIANT
IRISH LOVE
ISLANDER

KERMIT
LOYALTY
LUANNE
NANCY REAGAN
SERENITY
TEXAS
TINA
TIZ RED
TOSCA
VAGABOND
WISTERIA
ZAP

5 — Alliterations

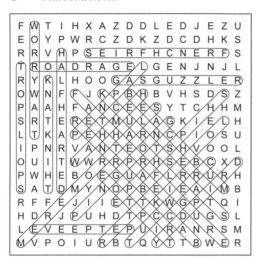

BACK BURNER
BEACH BUM
CREW CUT
DRIP DRY
FATHER FIGURE
FRENCH FRIES
GAS GUZZLER
HALF-HEARTED
HEM HAW
LOVE LETTER
MERE MORTALS
PEN PAL
PET PEEVE
PING PONG
ROAD RAGE
SHIP SHAPE
SPOIL SPORT
STAR STRUCK
THINK TANK
TIP TOE
WORRY WART

6 — Always Together

BAIT & TACKLE
BECK & CALL
BOB & WEAVE
CUP & SAUCER
FUN & GAMES
HAM & CHEESE
NEEDLE & THREAD
NEW & IMPROVED
NUTS & BOLTS
OVER & ABOVE
SHORT & SWEET
SURF & TURF
TUCK & ROLL
TWISTS & TURNS
UPS & DOWNS

7 — Animated Movies

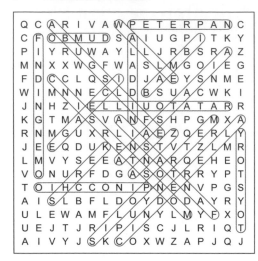

```
Q C A R I V A W P E T E R P A N C
C F O B M U D S A I U G P I T K Y
P I Y R U W A Y L L J R B S R A Z
M N X X W G F W A S L M G O I E G
F D C C L Q S I D J A E Y S N M E
W I M N N E C L D B S U A C W K I
J N H Z I E L L U O T A T A R R
K G T M A S V A N F S H P G M X A
R N M G U X R L I A E Z Q E R L Y
J E E Q D U K E N S T V T Z L M R
L M V Y S E E A T N A R Q E H E O
V O N U R F D G A S O T R R Y P T
T O I H C C O N I P N E N V P G S
A I S L B F L D O Y D O D A Y R Y
U L E W A M F L U N Y L M Y F X O
U E J T J R I P I S C J L R I Q T
A I V Y J S K C O X W Z A P J Q J
```

A BUG'S LIFE
ALADDIN
ANASTASIA
ANTZ
BAMBI
CINDERELLA
DUMBO
FANTASIA
FINDING NEMO
ICE AGE
METROPOLIS
MONSTERS INC.
PETER PAN
PINOCCHIO
RATATOUILLE

SHREK
TOY STORY
WALL-E

8 — April Fool's Day

```
O J F H M S M H L B O L Y D A B S
M B Y S I O S G Z M A H N V R U B
R T L L U B T M V P C E M R U G O
D S O Z V K X V U S W W L Y N W N
P O R B X F N Q Y G D W N D U X Z
D F A T H Y G O M W Z J N P B D D
Y Z P U N K Z G U K F R X X J L A
Q U R F G R G D P T D Q N W V E M
I S I Z A B O M H D N F D H V C O
T A L F R J U Q F R G L I W E R N
X F H O J M B Y J Q S Q Z T Y M X
M M Z J O G P Q F D Y P B P U H D
Y E X Z M F I A M F B Z U F A I P
G P P S P D H K U H O B N D E J W
S L R E W X G K Q C S J X S K D T
Y Z X N R Y Q F D R V C X Z R R K
S M C O A W Q U O H Q X H Y Q G T
```

ANNOY
APRIL
DAY
FIRST
FOOL'S
HOAX
JOKE
LAUGH
PRANK
SILLY
TRADITION
TRICK

9 — Baltic Sea

ALAND ISLANDS
BORNHOLM
DENMARK
ESTONIA
EUROPE
FINLAND
GERMANY
GOTLAND
HIIUMAA
LATVIA
LITHUANIA
POLAND
RUGEN
RUSSIA
SWEDEN

10 — Bandages

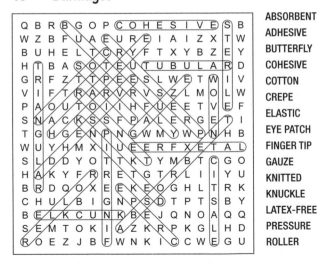

ABSORBENT
ADHESIVE
BUTTERFLY
COHESIVE
COTTON
CREPE
ELASTIC
EYE PATCH
FINGER TIP
GAUZE
KNITTED
KNUCKLE
LATEX-FREE
PRESSURE
ROLLER

STERILE
STRIP
TENSOR
TRIANGULAR
TUBULAR
WOVEN

11 — Beauty Supplies

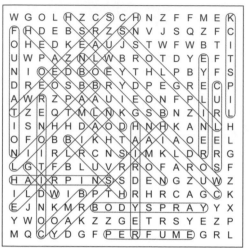

BATH OIL
BLUSH
BODY SPRAY
BODY WASH
BRUSH
COMB
CONDITIONER
CURLERS
CURLING IRON
EYE SHADOW
EYELINER
FOUNDATION
HAIR DRYER
HAIR SPRAY
HAIRPINS

HEADBAND
LIP GLOSS
LIPSTICK
LOTION
NAIL FILE
PERFUME
SHAMPOO
TWEEZERS
WIG

12 — Begins with Y

```
I  V  L  I  Z  L  V  N  N  L  V  A  Y  B  Z  R  P
E  F  I  Y  Y  O  G  U  R  T  F  K  B  R  K  U  A
N  E  J  I  U  O  E  M  A  S  F  L  A  M  Y  P  F
E  T  P  K  P  M  H  A  Y  G  E  O  A  T  F  S  K
J  W  S  P  P  S  M  D  L  E  I  Y  Z  K  K  Y  C
A  R  I  A  I  L  S  Y  K  K  O  O  Z  V  B  A  N
D  Z  M  D  E  Y  E  N  L  G  K  Y  M  G  G  D  Y
K  C  D  D  F  Y  A  Y  A  C  L  O  V  L  N  R  T
M  I  H  D  R  Y  F  U  Y  Y  Y  P  N  E  Z  E  Z
Y  G  T  Y  E  A  R  X  Y  O  A  R  C  B  Y  T  Y
S  U  U  L  G  K  Y  A  U  U  K  O  R  Y  R  S  D
Q  E  L  N  A  W  C  N  U  T  L  E  T  H  S  E  Z
H  O  C  E  C  H  G  U  V  H  B  Y  S  J  G  Y  Q
W  X  K  I  T  Y  N  J  Y  J  J  P  E  F  Q  G  L
S  D  C  S  S  I  D  W  X  U  K  N  W  A  Y  X  W
L  K  K  N  R  E  D  N  O  Y  T  O  Q  Y  H  I  E
H  Y  E  D  M  Z  V  E  O  W  M  G  H  K  G  A  W
```

YACHT
YAK
YAM
YANKEE
YARD
YARN
YAWN
YEAH
YEAR
YEAST
YELLOW
YELP
YEN
YESTERDAY
YET

YIDDISH
YIELD
YIPPEE
YOGA
YOGURT
YOKE
YOLK
YONDER
YOUNG
YOUTH
YO-YO
YUCK
YULETIDE
YUMMY
YUPPIE

13 — Blank of the Blank

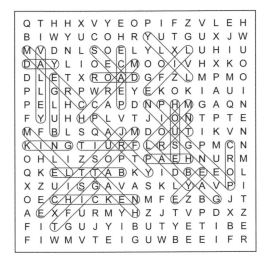

BATTLE _ _ BULGE
CHICKEN _ _ SEA
CREAM _ _ CROP
EYE _ _ STORM
FRUIT _ _ LOOM
GIFT _ _ GAB
HEAT _ _ DAY
JUSTICE _ _ PEACE
KING _ _ ROAD
LADY _ _ HOUSE
LIFE _ _ PARTY
LILY _ _ VALLEY
MARCH _ _ PENGUIN
RUN _ _ MILL
TOP _ _ HEAP

14 — Body Verbs

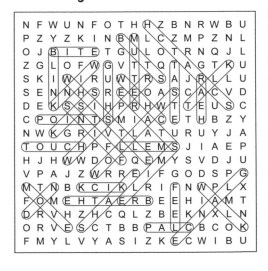

BITE
BLINK
BREATHE
CHEW
CLAP
FEEL
GLANCE
HEAR
KICK
KISS
MOVE
MUTTER
NOD
POINT
SCRATCH

SHAKE
SHRUG
SMELL
SMILE
SNIFF
STARE
STUB
SWALLOW
TALK
TASTE
TOUCH
WALK
WHISPER
WHISTLE
WINK

15 — Bowl of Cherries

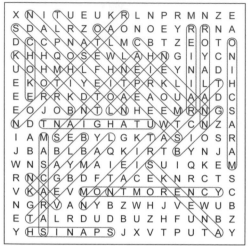

BING
BLACK
BROOK
CHELAN
CHOKE
LAMBERT
LAPIN
MARASCHINO
MASCARAS
MONTMORENCY
MORELLO
NAPOLEON
NORTH STAR
RAINIER
ROYAL ANN

SANTINA
SCHMIDT
SKEENA
SPANISH
SWEETHEART
TARTARIAN
TIETON
UTAH GIANT
VAN

16 — Business

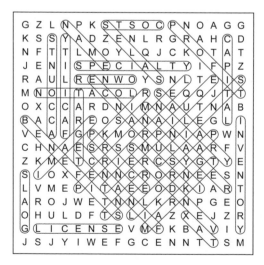

ACCOUNTS
BENEFITS
CAPITAL
CLIENTS
COSTS
EQUIPMENT
FACILITY
FINANCE
GOALS
IMAGE
INSURANCE
INVENTORY
LICENSE
LOCATION
MANAGER

MARKET
NAME
OWNER
PAYROLL
PERSONNEL
PRICE
PROFIT
RENT
RISKS
SALARY
SALES
SPECIALTY
TARGET
TAX
VENDORS

17 — Cajun Spice

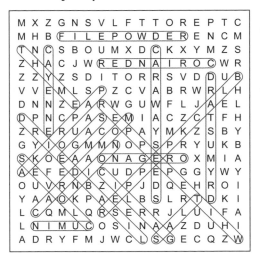

BLACK PEPPER

CARAWAY SEEDS

CARDAMOM

CAYENNE

CLOVES

CORIANDER

CUMIN

DRIED BASIL

DRY MUSTARD

FILE POWDER

GARLIC

ONION

OREGANO

PAPRIKA

SAGE

SALT

THYME

WHITE PEPPER

18 — CareFlight

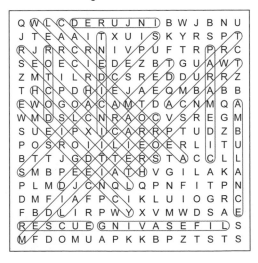

AEROMEDICAL

AIRCREW

AMBULANCE

CARE

CRITICAL

DEDICATED

DOCTOR

EMERGENCY

HELICOPTER

HOSPITAL

INCIDENT

INJURED

LIFESAVING

MEDI-JET

PARAMEDIC

RESCUE

SEARCH

SPECIALISTS

TEAM

TRANSPORT

TRAUMA

19 — Carved in Stone

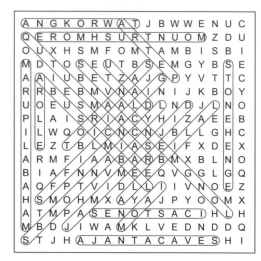

ABU SIMBEL

AJANTA CAVES

ANGKOR WAT

DAZU

ELLORA

GILA CLIFFS

ICA STONES

JAMI MASJID

LALIBELA

LONGMEN CAVES

LYCIAN TOMBS

MAHABALIPURAM

MOAI

MOUNT RUSHMORE

PETRA

QUTUB MINAR

STONEHENGE

TORANAS

20 — Castles

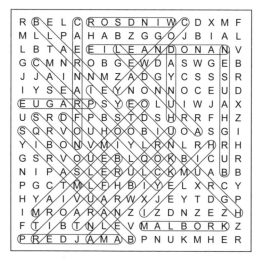

ALNWICK

ARUNDEL

BEAUMARIS

BELVOIR

BLARNEY

BRAN

BURGHAUSEN

CAERNARFON

CAERPHILLY

CONWAY

DOVER

EDINBURGH

EILEAN DONAN

FLOORS

HIMEJI

HUNYAD

KOLOSSI

MALBORK

MATSUMOTO

PRAGUE

PREDJAMA

TRIM

URQUHART

WINDSOR

21 — Cheeses

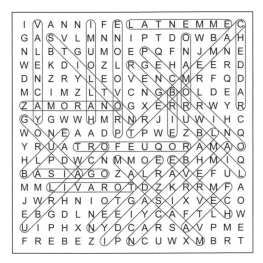

AMERICAN	NETTLE
ASIAGO	PECORINO
BLUE	PROVOLONE
BRIE	ROMANO
CAMEMBERT	ROQUEFORT
CHEDDAR	STILTON
EMMENTAL	UBRIACO
FETA	VALENCAY
GOUDA	ZAMORANO
HALLOUMI	
HERVE	
IDIAZABAL	
LIMBURGER	
LIVAROT	
MAASDAM	

22 — Chocolate

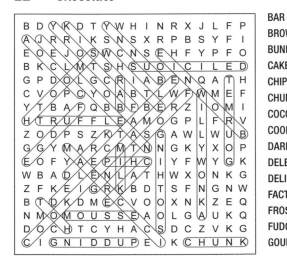

BAR	HOT
BROWNIE	ICE CREAM
BUNNY	JELLY BEAN
CAKE	KISS
CHIP	MILK
CHUNK	MOUSSE
COCOA	PUDDING
COOKIE	SMOOTH
DARK	SOOTHING
DELECTABLE	TRUFFLE
DELICIOUS	WHITE
FACTORY	WILLY WONKA
FROSTING	
FUDGE	
GOURMET	

23 — Chocolate Buddies

ALMOND
BANANA
CARAMEL
CHERRY
CINNAMON
COCONUT
COFFEE
CREAM
DATE
FLOWERS
GINGER
LEMON
LIQUEUR
MAPLE
MINT

MOCHA
ORANGE
PECAN
PISTACHIO
RAISIN
RASPBERRY
SEA SALT
VANILLA
WALNUT

24 — Civil War Generals-Confederate

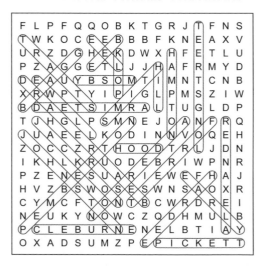

ALEXANDER
ANDERSON
ARMISTEAD
BEAUREGARD
BEE
BRAGG
CLEBURNE
EARLY
EWELL
FORREST
HAMPTON
HARDEE
HILL
HOOD
JACKSON

JOHNSTON
LEE
LONGSTREET
MOSBY
PEMBERTON
PICKETT
POLK
SMITH
STUART

25 — Civil War Generals-Union

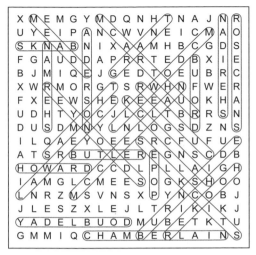

ANDERSON	MCDOWELL
BANKS	MEADE
BUFORD	POPE
BURNSIDE	REYNOLDS
BUTLER	ROSECRANS
CHAMBERLAIN	SHERIDAN
CUSTER	SHERMAN
DOUBLEDAY	STICKLES
GRANT	THOMAS
HANCOCK	
HOOKER	
HOWARD	
LAWRENCE	
MCARTHUR	
MCCLELLAN	

26 — Collective Nouns

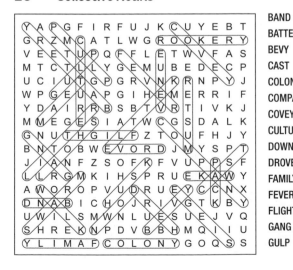

BAND	HERD
BATTERY	HUSK
BEVY	KETTLE
CAST	LITTER
COLONY	MUSTER
COMPANY	PACK
COVEY	PLUMP
CULTURE	ROOKERY
DOWN	SHOAL
DROVE	SIEGE
FAMILY	SWARM
FEVER	TEAM
FLIGHT	VENUE
GANG	WAKE
GULP	WALK

27 — Common Acronyms

```
F M J B T G L N P F D X P J T O W
G K G G S A O R M T R H N P Z S I
N P I V V A P T E E S I S R V A U
S F M C B A T K G S V D K G M R E
M H X F G O E W X M P W L N E A O
Y I L J W X Y A I V E N B A S C U
L E G F C P R B I O U P C V M S H
Q X N A N S D T L L Q F V H B A N
P J V F A N T D C H M B B B H N P
G H I D W Y I M D H A A M B T G F
C D C L S F G P A S R Z W M L Q Q
L N T B W M Q I A A R H M C C Q R
A J A R S W H P E K P F X A U M E
H D G F V N R P A M X R N V T Z O
D P Y H X C B N U H G L Z K D R K
P I D J T L S S V E H K F G D V M
W B D K T I A G I G E M O B P X S
```

AAA	HAZ-MAT	SSN
ABC	HDMI	TBA
ABS	HVAC	TGIF
APR	ISBN	TLC
ASAP	LCD	UPC
BBB	MPG	USA
BLT	MPH	USB
BMW	NASCAR	VIN
BYOB	NBA	VIP
CBS	NBC	
ESPN	NFL	
FYI	PIN	
GMC	PTSD	
GPA	RSVP	
GPS	SAT	

28 — Common Prepositions

```
L S J Y W I T H O U T C U X G L N
E G P G B T B M G C R U O D V J Q
D D W K Q S R T Z E H V N D M M Q
T N I O H A U G D I B J T N B P G
W O I S S P B N C H G U O R H T M
O Y W H E B U O T A W S N W B X R
N E Q A E B K M V I S M I L E I J
E B T U R B I A O E L T P Y N G B
Z N P D I D R M J R H N N T E I W
F I A C R O S S B I F E O X A O Z
S N O P U E U T N F E A K H T Q D
M I Z N E S V G F W N R E S H R E
E P D I M A N O T D B B F B A M E
M V Q S B O E E D Y G W I O G O D
Z O A O L U B H W O L E B Q C P K
S I U A F T E R H Q W A Y X B X T
D T X W D T Z O F F I N G X R J U
```

ABOARD	DOWN
ABOUT	FROM
ABOVE	INTO
ACROSS	NEAR
AFTER	OFF
ALONG	ONTO
AMID	OVER
AMONG	PAST
AROUND	THROUGH
BEHIND	TOWARD
BELOW	UNDER
BENEATH	UNTIL
BESIDE	UPON
BETWEEN	WITHIN
BEYOND	WITHOUT

29 — Cooking Scramble

```
I  A  U  F  É  K  R  Ú  S  Q  N  N  N  K  A  I  C
K  S  O  O  E  R  S  O  Y  G  H  R  I  D  H  S  D
U  D  E  U  D  E  S  I  A  R  B  K  L  C  E  M  Á
U  A  E  Ú  Í  V  E  D  H  S  I  G  Y  I  M  H  O
Z  Ó  S  R  B  I  T  L  P  W  T  A  P  K  I  D  L
Ó  Y  C  U  H  L  U  O  I  Ú  F  R  Y  M  N  Á  D
O  E  Ó  T  I  S  A  F  H  C  F  N  Y  Ó  C  D  F
S  C  D  O  G  C  S  N  W  É  R  I  G  E  E  G  D
D  Z  R  K  H  A  Z  E  C  I  L  S  R  Z  Á  I  V
C  B  R  A  H  H  X  R  M  H  V  H  I  U  C  J  D
H  Í  J  H  F  Y  S  A  A  O  E  R  N  E  E  Á  W
O  G  R  F  E  G  R  A  T  E  E  G  D  W  S  G  R
P  O  U  N  D  I  Q  I  M  D  S  P  R  H  V  J  B
P  T  H  Ó  N  P  Ó  M  N  L  L  I  D  I  U  F  J
S  C  R  A  M  B  L  E  T  S  A  B  D  I  L  W  W
K  V  T  E  G  M  T  G  H  R  E  N  C  A  Ì  L  Y
U  E  D  L  U  Y  B  A  O  C  É  E  G  J  S  Ó  E
```

BASTE	MASH
BLANCHE	MINCE
BRAISE	POACH
BROIL	POUND
CHOP	ROAST
DICE	SAUTE
DILL	SCRAMBLE
FOLD	SEAR
FRY	SHRED
GARNISH	SLICE
GRATE	SLIVER
GRILL	STUFF
GRIND	TENDERIZE
JUICE	WHIP
MARINATE	WHISK

30 — Cover Me

```
N  H  N  T  D  L  V  E  K  P  Q  F  X  D  R  R  N
R  I  P  E  L  C  W  L  P  S  X  J  Y  Z  J  D  O
T  T  T  N  O  T  E  L  E  K  S  O  X  E  P  J  T
O  X  C  A  E  S  T  O  P  I  R  K  N  I  T  F  L
Y  E  Y  R  R  X  C  T  J  N  Y  A  F  C  E  Z  A
H  D  H  B  O  E  L  H  F  Z  I  U  B  A  A  U  C
S  I  Z  M  C  U  K  E  P  P  R  U  T  R  G  V  Q
D  H  Y  E  E  M  I  P  E  U  J  H  D  T  C  P  N
R  N  E  M  Q  I  E  L  X  R  E  U  G  I  U  B  T
R  L  I  L  M  E  T  O  L  R  S  N  H  L  A  J  P
F  L  H  R  L  A  I  O  S  S  E  O  Y  A  O  M  E
S  G  I  G  S  X  N  W  O  S  Y  T  Y  G  A  Z  S
B  A  K  M  B  A  O  K  C  O  P  Q  V  E  B  W  K
H  W  X  G  G  K  R  A  T  P  I  L  V  X  F  C  N
X  A  Q  Y  D  J  L  M  A  V  C  Q  R  X  F  I  R
G  O  C  T  N  E  K  H  O  Y  O  T  M  Y  W  W  L
Z  S  B  T  S  U  R  C  L  R  B  Z  P  W  N  L  F
```

ARMOR	RIND
BARK	SCALES
CARTILAGE	SHELL
CRUST	SKIN
EXOSKELETON	SLIME
FEATHERS	WOOL
FLEECE	
FUR	
HAIR	
HIDE	
KERATIN	
MEMBRANE	
PEEL	
PELT	
QUILLS	

31 — Crickets

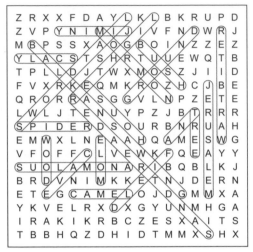

ANOMALOUS	SCALY
ANT	SPIDER
BALKAN SAWING	SWORD-TAIL
BUSH	TREE
CAMEL	WART-BITER
CAVE	WOOD
FIELD	
GROUND	
HOUSE	
JERUSALEM	
JIMINY	
LIGHTER	
MOLE	
MORMON	
SAND TREADER	

32 — Crock Pot Meals

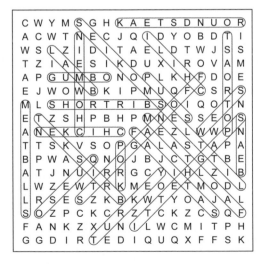

BEANS	SHORT RIBS
BRISKET	SOUP
CHICKEN	SPAGHETTI
CHILI	STEW
CHOW MEIN	STROGANOFF
FAJITAS	TURKEY
GUMBO	
LAMB	
LITTLE SMOKIES	
MEATBALLS	
MEATLOAF	
PORK	
POT ROAST	
QUESO	
ROUND STEAK	

33 — Deserts

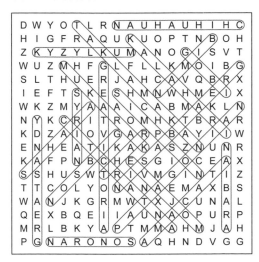

ANTARCTIC	SAHARA
ARABIAN	SIMPSON
ATACAMA	SONORAN
CHIHUAHUAN	SYRIAN
GIBSON	TAKLAMAKAN
GOBI	THAR
GREAT BASIN	
GREAT SANDY	
GREAT VICTORIA	
KALAHARI	
KARAKUM	
KYZYL KUM	
MOJAVE	
NAMIB	
PATAGONIAN	

34 — Double V

CHIVVIED	SKIVVIED
CHIVVIES	SKIVVIES
CHIVVY	SKIVVY
CIVVIES	
CIVVY	
DIVVIED	
DIVVIES	
DIVVY	
NAVVIES	
NAVVY	
REVVED	
REVVING	
SAVVIED	
SAVVIES	
SAVVY	

35 — Drink It In

```
P G P G S B N P T Y U V G B Z G X
Y W I V W W D R K V C D W G N A J
S X Z N E K N V Z B R C S B G K K
T P D F I L A W J S U N X E E S V
I H A I S L W K O I N S B O B L M
F M M G C M Q K W D G I T C U Z U
N C I C Q Y G Y N J B P P D E H A
X W O A M F U R W M Z P L A B R D
S E D N N F V K I O M W F Q M M W
L L I W S A I R C R L A E G B H S
M R O S W U O M K A C B T S I C S
U A O L Q Q M Y P J B B V W Z W W
I F G U Z Z L E C D A K L Y A H S
K K C R E G N E Z U S E L Z I T
P F W P L U G G T J O X L O O J
S F T U B E B Q N O X O N K N U V
J P G V M O W J A X W K G B L K P
```

CONSUME
DOWN
GLUG
GULP
GUZZLE
IMBIBE
KNOCK BACK
LAP
NIP
QUAFF
SIP
SLURP
SWALLOW
SWIG
SWILL

36 — Edible Roots

```
J W R N E D Z B N R O F P J X Z Q
T G A C I R E M R U T T I L C E D
E S T K K E P Q M T B O C B Y O D
R V T O T W R V I A M E R L Q R Z
E A E X C D K M S B L G S R P A B
G X D N R K Y Z K A I A N G A G R
N O R B B F E U G W D N Q G C H
I P A R S N I P M A F J P G E E Q
G K L N Y H S N N G A X S L A M D
R B Q R Y A L D N T Y P E J V X Y
I N P K J V A E J J N R N T W B D
A F W I N Z S C Y G I G O L J J Y
F C K V N N L X P A O Y A C O I J
X O W A I R S S C J G V V F I D V
Y K R G I B U R D O C K U P W H A
J B B I C P U T O E U L R V D H C
T T Y U D K R W O U G F Y O D Q J
```

BEET
BURDOCK
CARROT
CELERIAC
CHICORY
GINGER
GINSENG
MALANGA
OCA
PARSNIP
RADISH
RUTABAGA
SALSIFY
TURMERIC
TURNIP

37 — Ending in X

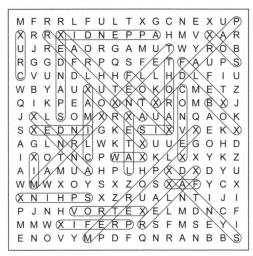

ANNEX	PARADOX
ANTHRAX	PREFIX
APPENDIX	REFLUX
BOX	RELAX
CLIMAX	SIX
CONVEX	SOX
CRUX	SPANDEX
FAX	SPHINX
FLEX	SYNTAX
FOX	TELEX
INDEX	THORAX
LATEX	TUX
MATRIX	VORTEX
METROPLEX	WAX
MIX	XEROX

38 — Falconry

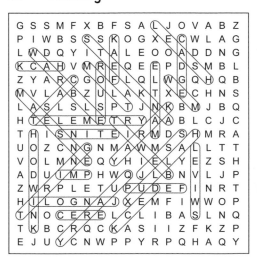

ANKLETS	LEASH
BEWIT	MANTLE
CADGE	MEW
CAST	MOLT
CERE	QUARRY
DECK	ROUSE
ENSEAM	SNITE
FEAK	SWIVEL
FED UP	TELEMETRY
HACK	TIRING
HALLUX	WARBLE
HOODWINK	YARAK
IMP	
JANGOLI	
JESS	

39 — Family Reunion

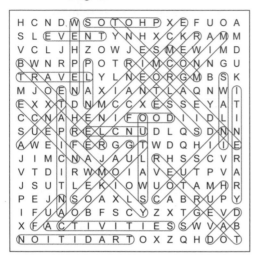

ACTIVITIES
ANTICIPATE
AUNT
BROTHER
COOKOUT
COUSIN
DAD
ENDEARMENT
EVENT
FAMILY
FOOD
FUN
GAMES
HUGS
IN-LAWS

ITINERARY
MINGLE
MOM
NEPHEW
NIECE
OUTLAWS
PHOTOS
PLAN
RECONCILE
REMINISCE
RETREAT
SISTER
TRADITION
TRAVEL
UNCLE

40 — Famous Beaches

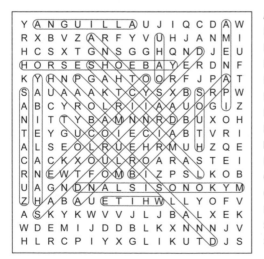

ANGUILLA
BARCELONA
BORA BORA
DAYTONA
HANALEI BAY
HARBOUR ISLAND
HORSESHOE BAY
IPANEMA
LA MINITAS
MYKONOS ISLAND
OAHU
OCRACOKE
PALM
SANTA CRUZ
SANTORINI'S RED

SOUTH
TULUM
WHITE

41 — Famous Johns

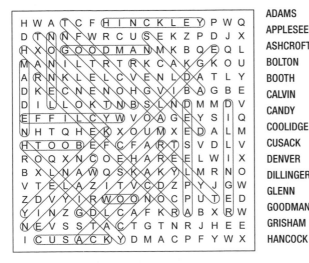

ADAMS	HINCKLEY
APPLESEED	HOLLIDAY
ASHCROFT	KENNEDY
BOLTON	LENNON
BOOTH	MADDEN
CALVIN	ROCKEFELLER
CANDY	TOILET
COOLIDGE	TRAVOLTA
CUSACK	TYLER
DENVER	WAYNE
DILLINGER	WOO
GLENN	WYCLIFFE
GOODMAN	
GRISHAM	
HANCOCK	

42 — Fictional TV Towns

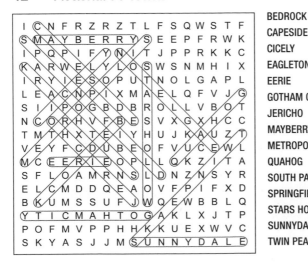

BEDROCK	METROPOLIS
CAPESIDE	QUAHOG
CICELY	SOUTH PARK
EAGLETON	SPRINGFIELD
EERIE	STARS HOLLOW
GOTHAM CITY	SUNNYDALE
JERICHO	TWIN PEAKS
MAYBERRY	

43 — First Aid Kit

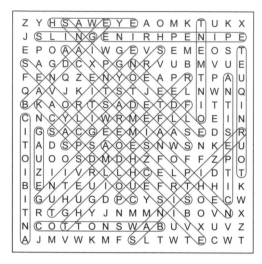

ACETAMINOPHEN
ADHESIVE
ANTIBIOTIC
ANTISEPTIC
BANDAGE
COLD PACK
COTTON SWAB
CUP
DRESSING
EPINEPHRINE
EYEWASH
FLASHLIGHT
GAUZE
GLOVES
NEEDLE
OINTMENT
SAFETY PINS
SANITIZER
SCISSORS
SLING
SYRINGE
THERMOMETER
TOURNIQUET
TWEEZERS

44 — Garlic

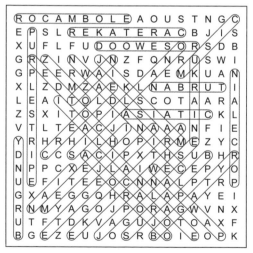

AJO ROJO
APPLEGATE
ARTICHOKE
ASIATIC
BELARUS
BOGATYR
BURGUNDY
CARETAKER
CHINA DAWN
CREOLE
ITALIAN LATE
JAPANESE
MAISKIJ
METECHI
MUSIC
PAW PAW
PORCELAIN
PURPLE STRIPE
RED TOCH
ROCAMBOLE
ROSEWOOD
SICILLANO
TURBAN
TZAN
UKRAINE
XIAN
ZEMO

45 — Greenhouses

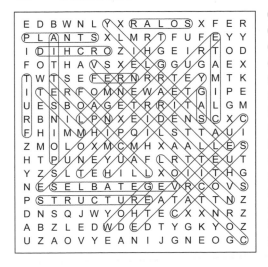

CACTUS	POINSETTIA
CLIMATE	SHELTER
CONTROL	SOLAR
CULTIVATE	STRUCTURE
EASTER LILY	TEMPERATURE
FAN	THERMAL
FERN	TROPICAL
FRUIT	VEGETABLES
GAS	VENTILATION
GREENHOUSE	
GROW	
HUMIDITY	
MIST	
ORCHID	
PLANTS	

46 — Growing Together

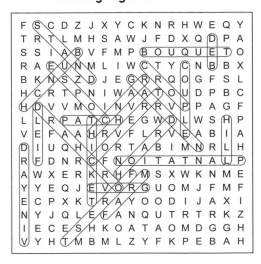

BED	PATCH
BOUQUET	PLANTATION
BUNCH	RANCH
COPSE	STAND
COUPLE	THICKET
COVERT	VINEYARD
CROP	
FARM	
FIELD	
FOREST	
GARDEN	
GROVE	
HILL	
HOARD	
ORCHARD	

47 — Herb Garden

```
L L R C E T L D L M A R J O R A M
R P F P C R C L I R Y E W R I F X
V V A K T F B H L P M H M T D R V
D E I R D A G U Z I T U X N L L H
D P V C S C J P L N D M B A X U C
A A T I E L F R D T F S V L Q Y Z
M Z L O A M E W J A F E L I U E F
A O O A S F G Y F C N O N C L N X
X T M T F E Y M R D O S B N C Z Y
V E N E O L T K E U H R Z C E B R
A I I A O A M R E I R R E O B L A
M K R V S N Z O S M Z U O G I Z M
M T A R R A G O N Z Y Z L V A Y E
N G P A Z B J U I S A H R O Z N S
E M N L O C S O S A G E T I Y B O
O Z V X S E V I H C H L H P E O R
D A L F W O K T F C X K A J A F J
```

BASIL
CATNIP
CHERVIL
CHIVES
CILANTRO
DILL
EPAZOTE
FENNEL
HOJA SANTA
KIEFFER LIME
LAVENDER
LOVAGE
MARJORAM
MINT
OREGANO
PARSLEY
ROSEMARY
SAGE
SHISO
TARRAGON
THYME

48 — Honey

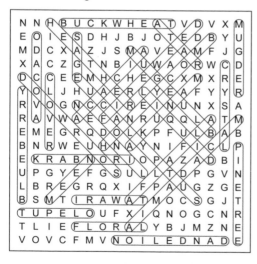

```
N N H B U C K W H E A T V D V X M
E O I E S D H J B J O T E D B Y U
M D C X A Z J S M A V E A M F J G
X A C Z G T N B I U W A O R W C D
D C C E M H C H E G C X M X R E
Y O L J H U A E R L Y E A F Y Y R
R V O G N C C I R E I N U N X S A
R A V W A E F A N R U Q Q L A T M
E M E G R Q D O L K P F U L B A B
B N R W E U H N A Y N I F I C L P
E K R A B N O R I O P A Z A D B I
U P G Y E F G S U L L T D P G V N
L B R E G R Q X I F P A U G Z G E
B S M T I R A W A T M O C S G J T
T U P E L O U F X I Q N O G C N R
T L I E F L O R A L Y B J M Z N E
V O V C F M V N O I L E D N A D E
```

ACACIA
ALFALFA
AVOCADO
BLUE GUM
BLUEBERRY
BUCKWHEAT
CLOVER
CRYSTAL
DANDELION
EUCALYPTUS
FIREWEED
FLORAL
HEATHER
HONEYCOMB
IRON BARK
LINDEN
LIQUID
MACADAMIA
MANUKA
NEEM
PINE TREE
RATA
RED GUM
SAGE
SOURWOOD
TAWARI
TUPELO

49 — Interjections

```
J C Q A H R D B X F A G T Y F Z Z
N D J H L A B J D C Q D G F L W
P F L E G O M T A E R G E V D J V
B L O E Z N Y A S E H S A Y E K L
P S H A W B W S Y D U C R I Q S V
D A E S D S O L O N G Z G H A W Y
F Z B U R I R N D I J U N G Y I J
K H Y C R E D H A Y D O V H H E B
M A K K O E X P P I Y A N C B U O
J E M E R I X H F K B O P A K O B
W S H O T S E A C E W H R O P U I
I B C A G L S U P S D W G S X C T
D N C A L P B Y E Q T N U W E H P
E F K O T J U R R N I M S U P S W
J X I L K H A H A B C F U U Q T B
V N M G Z F F E D V D C H M W H N
D M P E B R N Z K X O U U G T R P
```

ADIOS	INDEED
AHEM	MY WORD
AHOY	NOW
BEHOLD	OOPS
BINGO	OUCH
BRAVO	PHEW
BYE	PSHAW
CHEERS	RATS
DEAR	SCAT
ENCORE	SO LONG
EUREKA	UGH
GESUNDHEIT	WELL
GREAT	WHOA
HA-HA	YIKES
HELLO	YIPPEE

50 — Irr

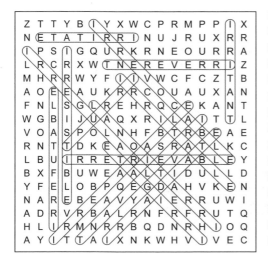

IRRETRIEVABLE
IRRADIATE
IRRATIONAL
IRREFUTABLE
IRREGULAR
IRRELEVANT
IRREPARABLE
IRRESISTIBLE
IRREVERENT
IRREVOCABLE
IRRIGATE
IRRITABLE
IRRITANT
IRRITATE
IRRUPT

51 — Irregular Plural Nouns

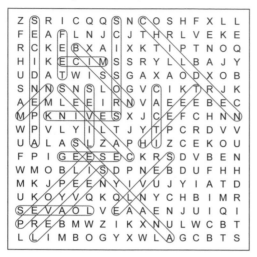

ANALYSES
APPENDICES
BISON
CACTI
CALVES
CHILDREN
ELVES
FEET
GEESE
KNIVES
LEAVES
LIVES
LOAVES
MEN
MICE

PEOPLE
SCISSORS
TEETH

52 — Jams and Jellies

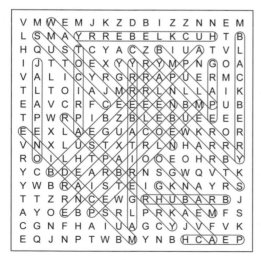

ALGERITA BERRY
APPLEBUTTER
APRICOT
BLACKBERRY
BLUEBERRY
CACTUS
CRANBERRY
GRAPE
GUAVA
HUCKLEBERRY
JALAPENO
MANGO
MUSCADINE
NECTARINE
PEACH

PETROLEUM
PLUMB
RASPBERRY
RHUBARB
STRAWBERRY
WATERMELON

53 — Jasper

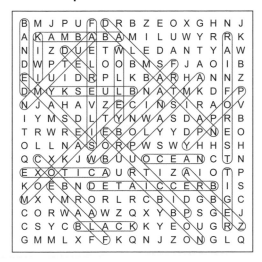

AUTUMN	PICTURE
BANDED	PLASMA
BLACK	POPPY
BLUE SKY	RAINBOW
BRECCIATED	RAINFOREST
BROWN	RED
COBRA	RIBBON
DALMATIAN	SESAME
EXOTICA	SILVER LEAF
FANCY	TIGER
FLAME	YELLOW
KAMBABA	ZEBRA
KIWI	
MOOKAITE	
OCEAN	

54 — Jean Scene

ACID WASH	SKIRT
BLACK	SLIM
BOOTCUT	STYLE
COMFORT	TIGHT
COWBOY	TREND
DENIM	ZIPPER
DURABLE	
FIT	
FLARE	
INDIGO	
LIGHT	
LOOSE	
LOW-RISE	
RELAXED	
RIPPED	

55 — Keeps You Awake

ACHE
ALARM
APNEA
BABY
BARKING
CAFFEINE
COFFEE
COLD
CRAMP
CRICKET
HEAT
HOMEWORK
JOB
KITTEN
MOSQUITO

MUSIC
NOISE
PAIN
PARTY
PUPPY
SNORING
STRESS
TRAIN
WORRY

56 — Labels for Locals

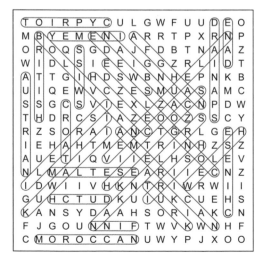

AFGHAN
AMERICAN
AUSTRIAN
BOLIVIAN
BRITISH
CHINESE
CONGOLESE
CROAT
CYPRIOT
CZECH
DANE
DUTCH
FINN
GREEK
IRISH

ISRAELI
KUWAITI
MALTESE
MOROCCAN
SCOTTISH
SPANIARD
SRI LANKAN
SWEDE
SWISS
THAI
TURK
VENEZUELAN
WELSH
YEMENI
ZAMBIAN

57 — Legendary Magicians

ANDERSON	ORTIZ
ANGEL	PAVEL
BLACKSTONE	PENN
BLAINE	ROY
BURTON	SHERIDAN
COPPERFIELD	SIEGFRIED
HARARY	SLYDINI
HENNING	TAKAYAMA
HERRMANN	TELLER
HOUDINI	TEMPEST
JAY	VERNON
KELLAR	WILSON
KING	YEDID
MARLO	ZENON
MCBRIDE	

58 — Long Haul

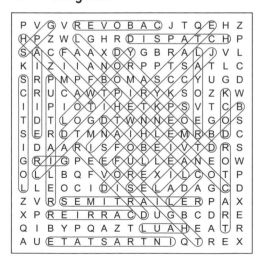

AIR RIDE	HAUL
BOBTAIL	HAZMAT
CABOVER	INTERSTATE
CARRIER	INTRASTATE
CDL	JACKKNIFE
CONVENTIONAL	LAYOVER
DISPATCH	LOAD
DOCK	LOGISTICS
DOT	LOWBOY
DOUBLES	MILES
DRIVER	PIGTAIL
DROP YARD	PUP TRAILER
FIFTH WHEEL	RIG
FREIGHT	SEMI-TRAILER
GPS	TRACTOR

59 — Long-Haired Cats

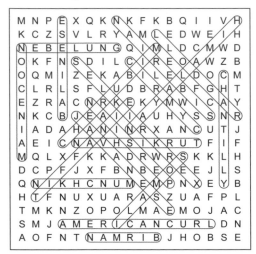

AMERICAN CURL
BALINESE
BIRMAN
CHANTILLY
CHERUBIM
CYMRIC
HIMALAYAN
JAVANESE
MAINE COON
MUNCHKIN
NEBELUNG
PERSIAN
RAGDOLL
SELKIRK REX
SIBERIAN
SOMALI
TIFFANIE
TURKISH VAN

60 — Love Is in the Air

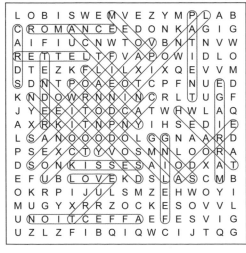

ACTION
ADORE
AFFECTION
CANDY
CARDS
DEVOTION
FANCY
FEELING
FLOWERS
HEART
KISSES
LETTER
LOVE
MARRIAGE
PATIENT
POEM
PROPOSAL
ROMANCE
SONG
TENDER
TOKEN
TRUE
UNCONDITIONAL
VALENTINES

61 — M Countries

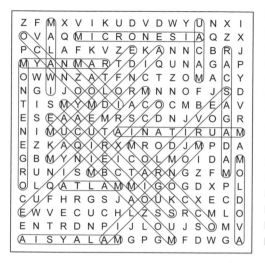

MACAU
MACEDONIA
MADAGASCAR
MALAWI
MALAYSIA
MALDIVES
MALI
MALTA
MARTINIQUE
MAURITANIA
MAURITIUS
MAYOTTE
MEXICO
MICRONESIA
MOLDOVA

MONACO
MONGOLIA
MONTENEGRO
MOROCCO
MOZAMBIQUE
MYANMAR

62 — Makes Sense

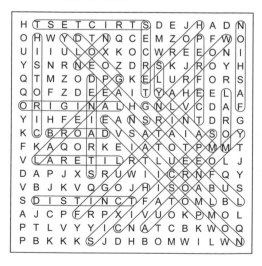

AUTONOMY
BROAD
COMMON
DISTINCT
FASHION
FIGURATIVE
GENERAL
GOOD
GRATEFUL
HISTORIC
HORSE
LITERAL
MANLY
MORAL
NARROW

NATURAL
NON
ORIGINAL
PERFECT
POSITIVE
SECRET
SHAPELY
SIXTH
SLY
SPECIFIC
STRAINED
STRICTEST

63 — Manias

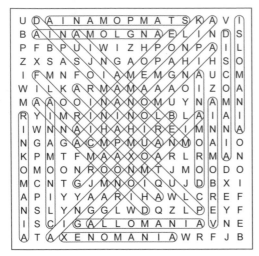

AGROMANIA
ANGLOMANIA
BRUXOMANIA
CHINAMANIA
CLINOMANIA
DINOMANIA
DIPSOMANIA
DISCOMANIA
DOROMANIA
EPOMANIA
FLORIMANIA
GALLOMANIA
GRAPHOMANIA
ISLOMANIA
KLOPEMANIA

MELOMANIA
PLUTOMANIA
RINKOMANIA
STAMPOMANIA
VERBOMANIA
XENOMANIA

64 — Mine Your Business

ALUMINUM
BARITE
BAUXITE
CHROMIUM
COAL
COPPER
DIAMOND
DIATOMITE
EMERALD
GOLD
GRANITE
GYPSUM
IRON
LAND
LEAD

LIMESTONE
MERCURY
MOLYBDENUM
NICKEL
PYRITE
QUARTZITE
RUBY
SALT
SILICA
SILVER
STRONTIUM
TOPAZ
TURQUOISE
URANIUM
ZINC

65 — More OF THE Phrases

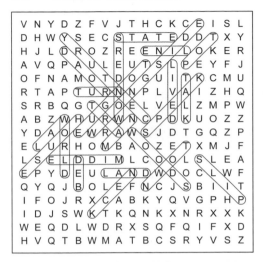

LAW _ _ LAND
MAN _ _ HOUSE
MIDDLE _ _ ROAD
NECK _ _ WOODS
SLIP _ _ TONGUE
SPEAK _ _ DEVIL
STATE _ _ ART
TALK _ _ TOWN
TOP _ _ LINE
TURN _ _ CENTURY
WONDERS _ _ WORLD
WRONG SIDE _ _ BED

66 — Most Common Nouns

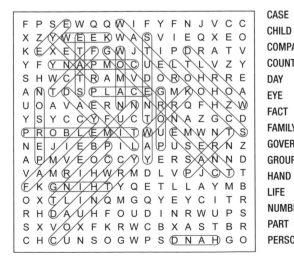

CASE
CHILD
COMPANY
COUNTRY
DAY
EYE
FACT
FAMILY
GOVERNMENT
GROUP
HAND
LIFE
NUMBER
PART
PERSON

PLACE
POINT
PROBLEM
SCHOOL
STATE
STUDENT
THING
TIME
WATER
WAY
WEEK
WOMAN
WORK
WORLD
YEAR

67 — N Verbs

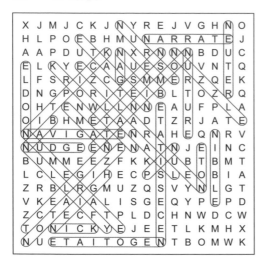

NAB
NAG
NAIL
NAME
NARRATE
NAVIGATE
NECESSITATE
NEGATE
NEGLECT
NEGOTIATE
NEIGH
NESTLE
NETWORK
NEUTER
NEUTRALIZE

NIBBLE
NICK
NIP
NITPICK
NOMINATE
NOODLE
NOTARIZE
NOTE
NUDGE
NULLIFY
NUMB
NUMERATE
NURSE
NURTURE
NUZZLE

68 — New English

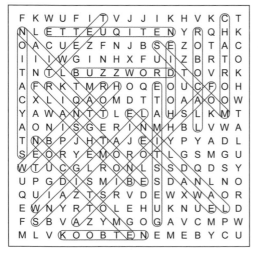

BUZZWORD
CHAT ROOM
EMOTICON
E-WASTE
FASHIONISTA
FLASH MOB
GUESSTIMATE
HOODIE
HOTSPOT
LANDLINE
NAIL TAT
NETBOOK
NETIQUETTE
RINGTONE
ROBOCALL

SITCOM
SNAIL MAIL
STAYCATION
TWEET
WEBINAR
WIDGET

69 — Noun-Verb

N W M O W X B G V O E F P V B V Q
U Y U U O G I P X S Q E C Z D W P
N N K N R U B C R A R L B O I M W
Q I W X O D R S L I C E B R G K N
S K N B A V O B I U N H H V E C Y
N S N N H F P T W L F T C C S W R
S J C I C T N I B Y Q T A Z D R C
I E L C R I C G C C W E E X L U G
M G T E A D X H C T A M L X J E B
M V A P T D A U Q K U A B S T C N
A D F V S T R I N G M R C V P O V
L F P H T O S I C C S F E W R E O
Z E U E R L L U H M S J S Q O B T
W A R R M F T M R K T R T G O R W
C F I R I M J X O F A R P E F H Y
S M R Q A A H O I Z T E F H I B D
J D F L C B H W K P H N I R F S V

BARREL	MATCH
BLEACH	MIRROR
BREW	PAINT
BURN	PICTURE
BUTCHER	PRINT
CHATTER	PROOF
CIRCLE	SAIL
CUT	SET
DANCE	SKI
DIGEST	SLICE
DRINK	STARCH
DRUM	STRING
FRAME	SURF
HOOK	TEXT
LINK	TREAD

70 — O Occupations

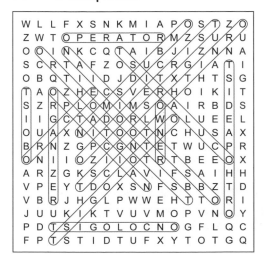

OBOIST
OBSTETRICIAN
OCULARIST
OMBUDSMAN
ONCOLOGIST
ONTOLOGIST
OPERATOR
OPTICIAN
OPTOMETRIST
ORACLE
ORGANIZER
ORNITHOLOGIST
ORTHODONTIST
ORTHOPAEDIST
OWNER

71 — On a Roll

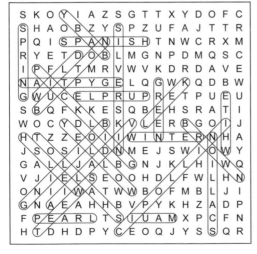

BANK	ORANGE
BARREL	PAY
BED	PECAN
CABBAGE	POTATO
CINNAMON	ROCK 'N
COIN	ROYCE
CRESCENT	SAUSAGE
DINNER	SPRING
DRUM	STEAM
EGG	SWEET
HONOR	WHEAT
JELLY	YEAST
KAISER	
MONEY	
ONION	

72 — Onions

BABY	SPANISH
BOILING	SPRING
BROWN	SWEET
BUTTON	VIDALIA
CIPOLLINI	WELSH
EGYPTIAN	WHITE
GREEN	WILD
LEEK	WINTER
MAUI	YELLOW
PEARL	
PICKLING	
PURPLE	
SCALLION	
SHALLOT	
SILVERSKIN	

73 — Oranges

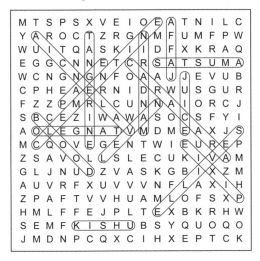

BLOOD
CARA CARA
CLEMENTINE
JAFFA
JUICE
KISHU
MANDARIN
NAVEL
PAGE
PIXIE
SATSUMA
SEVILLE
TANGELO
TANGERINE
VALENCIA

74 — Orchids

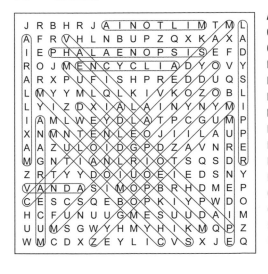

ANAGRAECUM
CATTLEYA
CYMBIDIUM
DENDROBIUM
ENCYCLIA
EPIDENDRUM
LADY SLIPPER
MASDEVALLIA
MAXILLARIA
MILTONIA
MILTONIOPSIS
ODONTOGLOSSUM
ONCIDIUM
PAPHIOPEDILUM
PHALAENOPSIS
VANDA
VANILLA
ZYGOPETALUM

75 — P-licious

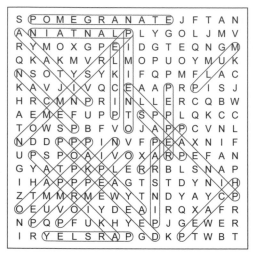

PAPAYA
PAPRIKA
PARSLEY
PARSNIP
PEACH
PEAR
PEAS
PECAN
PEPPER
PERSIMMON
PICKLE
PIMIENTO
PINEAPPLE
PITAYA
PLANTAIN

PLUM
POKEWEED
POMEGRANATE
POMELO
POTATO
PUMPKIN

76 — Pickled

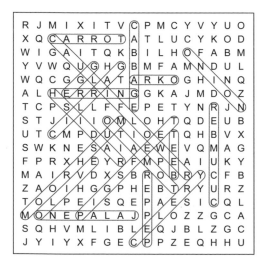

BEET
CABBAGE
CARROT
CAULIFLOWER
CELERY
CUCUMBER
EGG
GARLIC
HERRING
JALAPENO
MUSHROOM
OKRA
OLIVE
ONION
PEPPER

PIG'S FEET
RADISH
TOMATO

77 — Popular Baby Names

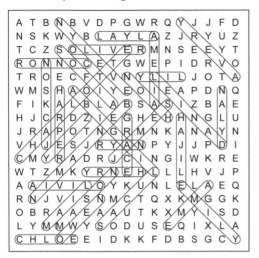

```
A T B N B V D P G W R Q Y J J F D
N S K W Y B L A Y L A Z J R Y U Z
T C Z S O L I V E R M N S E E Y T
R O N N O C E T G W E P I D R V O
T R O E C F T V N Y L I L J O T A
W M S H A O I Y E O I E A P D N Q
F I K A L B L A B S A S I Z B A E
H J C R D Z I E G H E H H N G L U
J R A P O T N G R M N K A N A Y N
V H J E S J R Y A N P Y J J P D I
C M Y R A D R J C I N G I W K R E
W T Z M K Y R N E H L L L H V J P
A A I V I L O Y K U N L E L A E Q
R N J V I S N M C T Q X K M G G K
O B R A A E A A U T K X M Y I S D
L Y M M W Y S O D U S E Q I X L A
C H L O E E I D K K F D B S G C Y
```

ABIGAIL	HENRY
AMELIA	JACKSON
AVERY	JAMES
BENJAMIN	LAYLA
CHARLOTTE	LIAM
CHLOE	LILY
CONNOR	LUCAS
DANIEL	MASON
DYLAN	NOAH
ELIJAH	OLIVER
EMILY	OLIVIA
EMMA	OWEN
EVELYN	RYAN
GRACE	SOFIA
HARPER	ZOEY

78 — Pork

```
C X F G J Y D D W S E F X C W N G
M Y P X J E V P H O C K E O Y P E
B Z P O R B M C S S H A G K O I V
C D K I H U Y H Y C H B A D P T E
S I B D R C T B Q A F O S V L P S
A S V N J T N S E L K B U S J L N
A O K N A H S A A L N I A L B Q M
V Y M C O T F N I O L D S W D V E
G B G Q E I L D D P R Y W O O E Z
L C D A E E W N Z C D A O J E F R
V M K R G M P I C N I C H A M E C
U E R G T E L T U C R Q J C Z M I
Z Z W M B A C O N G O I R P M B J
W Z X F Z F R P B S W J S O G X O
U U J Z G G I V A U V Y V N T X W
Q T Q V E D M W N M V J Y J I N Z
M Q P T O P H N J X S C H B B O H
```

BACON	SAUSAGE
BELLY	SCALLOP
CHOP	SHANK
CUBE	SHOULDER
CUTLET	STEAK
GROUND	STRIP
HOCK	
JOWLS	
KABOB	
LEG	
LOIN	
PICNIC HAM	
RIBS	
ROAST	
RUMP	

79 — Positive Personality

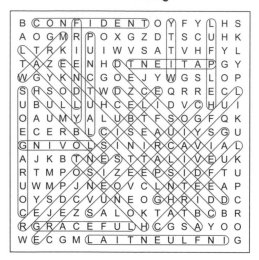

ATHLETIC	LOVING
CAREFUL	LOYAL
CONFIDENT	PATIENT
COURAGEOUS	PLAYFUL
COURTEOUS	PUNCTUAL
DECISIVE	RESPONSIBLE
DEDICATED	SINCERE
ENTHUSIASTIC	WARM
FRIENDLY	WITTY
GIVING	
GRACEFUL	
HELPFUL	
HONEST	
HUMBLE	
INFLUENTIAL	

80 — Prefixes

```
N J A W D A B C L W M C O N T R A
V M U Z D O S E M I K A V Y V E T
C I U S E L H L L D X U H Q A D A
E K K V P B E N O H I H S E Q N M
R X B J A K Z U I G Y A P D T U I
I A I B Q X Z L D P B P R I Y C Q
T R O O U T T E O R M O C O P O
Q X Q E D S I R E P S P G V A S P
K T G I O C A A Y J N X L L Z M
F X Y P V Z P E N N Z M I L G S A
Z B J L E I R R E T S M F K N K A
C B P N R P J X D H E G T T R S W
E G O F A L T E R H R S E L N H R
J N I N F R A G H E N H A T V W M
J D H P A F T H T T S Q N G Y E Z
X B C J W H E N I K Y I V M N W J
V Y L I G Y I J F W T G U O P C
```

ANTE	POST
ANTI	PRE
COM	PRO
CONTRA	SEMI
EXTRA	SUB
HEMI	SYN
HYPER	TRANS
HYPO	ULTRA
INFRA	UNDER
INTER	
INTRA	
NON	
OUT	
OVER	
PERI	

81 — Puzzle Writers

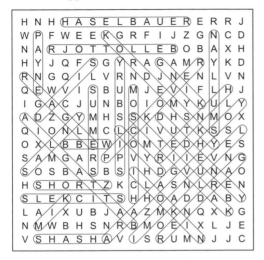

BATTAGLIA
BELLOTTO JR
DAVIS
DUDENEY
GARDNER
HASELBAUER
HUNTER
IMMANUVEL
KALVITIS
KIM
KING
KORDEMSKY
LOYD
MOSCOVICH
NIKOLI

PAYNE
PICKOVER
REAGLE
SALNY
SHASHA
SHORTZ
SMULLYAN
SPILSBURY
STICKELS
SUMMERS
WEBB
YOSHIGAHARA

82 — Q Foods

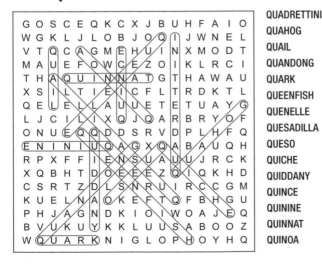

QUADRETTINI
QUAHOG
QUAIL
QUANDONG
QUARK
QUEENFISH
QUENELLE
QUESADILLA
QUESO
QUICHE
QUIDDANY
QUINCE
QUININE
QUINNAT
QUINOA

83 — Renowned Bridges

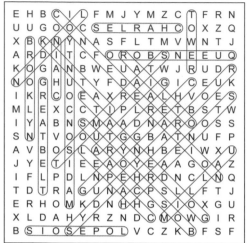

BOSPHORUS	RAILTO
BROOKLYN	SI-O-SE POL
CHAIN	STARI MOST
CHAPEL	STONE ARCH
CHARLES	SYDNEY HARBOUR
CHENGYANG	TOWER
CONFEDERATION	
GALATA	
GOLDEN GATE	
GREAT BELT	
KINTAI	
LONDON	
MADISON COUNTY	
MILLAU	
QUEENSBORO	

84 — Reverse Letter Order

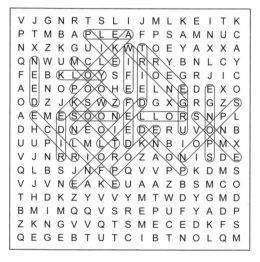

ZOOM	ROLL
YOLK	RIDE
YOKE	RICE
WRONG	POND
WON	POLKA
WIFE	POKE
URGE	PLEA
TRIED	PIE
TREE	NEED
TOOK	LIFE
TONE	LIED
SPOON	FEED
SPONGE	
SOON	
SOME	

85 — Salad

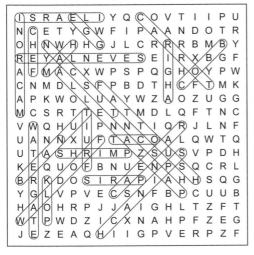

BEAN	SEVEN-LAYER
CAESAR	SHRIMP
CARROT	SPINACH
CHEF	TACO
COBB	TUNA
EGG	TUSCAN
FATTOUSH	WALDORF
FRUIT	WATERGATE
HAM	
ISRAELI	
MACARONI	
PANZANELLA	
PARIS	
POLK	
RIGHA	

86 — Salt of the Earth

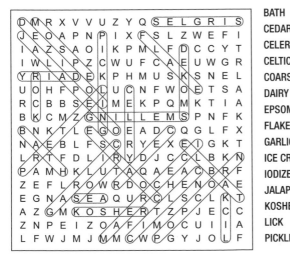

BATH	POPCORN
CEDAR	PRETZEL
CELERY	ROCK
CELTIC	SEA
COARSE	SEL GRIS
DAIRY	SMELLING
EPSOM	SMOKED
FLAKE	SOUR
GARLIC	TABLE
ICE CREAM	
IODIZED	
JALAPENO	
KOSHER	
LICK	
PICKLING	

87 — Seafood

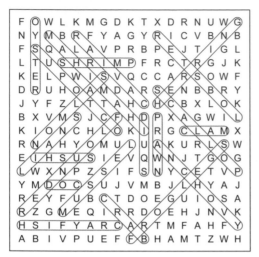

ANCHOVY
CAVIAR
CLAM
COD
CRAB
CRAYFISH
FLOUNDER
FROG LEGS
HERRING
LOBSTER
MAHI MAHI
MUSSEL
OCTOPUS
OYSTER
PRAWN
SALMON
SCALLOP
SHRIMP
SNAIL
SQUID
SUSHI

88 — Shape UP

ARC
CARDIOID
CONE
CUBE
CYLINDER
DISC
ELLIPSE
GNOMON
HELIX
ICOSAHEDRON
IRREGULAR
LINE
NONAGON
OCTAGON
ORB
OVAL
PYRAMID
QUADRILATERAL
RHOMBUS
ROUND
SPHEROID
SQUARE
STAR
TRAPEZOID
TORUS
TRIANGLE
WEDGE

89 — Spider-man

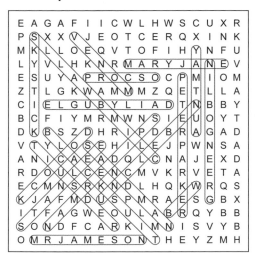

AUNT MAY
BLACK SUIT
CLIMB WALLS
DAILY BUGLE
DOC OCK
GREEN GOBLIN
MARY JANE
MR. JAMESON
OSCORP
PETER PARKER
RED SUIT
SANDMAN
SKY STICK
SPIDER-MAN
STAN LEE
UNCLE BEN
VENOM
WEB

90 — Springs

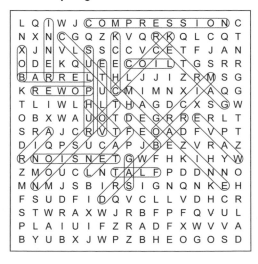

AIR
BARREL
BED
BOX
CHECK
CLOCK
CLUTCH
COIL
COMPRESSION
DRAWBAR
FLAT
GARTER
GAS
HOT
INNER
LEAF
MAGAZINE
MICRO
POWER
SULPHUR
TENSION
TORSION
VOLUTE
WAVE

91 — Starry Night

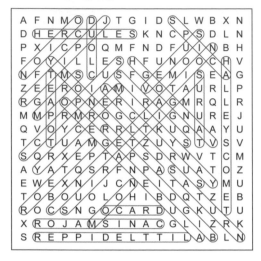

ARCTURUS	MOON
ASTRONOMY	OMEGA NEBULA
BIG DIPPER	ORION
CANIS MAJOR	SAGITTARIUS
CLOUD	SATURN
CONSTELLATION	SCORPIUS
DRACO	SIRIUS
HALLEY'S COMET	SPICA
HERCULES	TAURUS
JUPITER	TEAPOT
LITTLE DIPPER	VAN GOGH
MARS	VENUS
MERCURY	
METEOR	
MILKY WAY	

92 — Sun

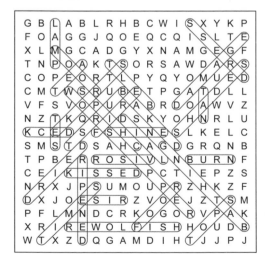

BAKED	LAMP
BATHING	RIPENED
BELT	RISE
BURN	ROOF
BURST	ROOM
CHIPS	SET
DAMAGE	SHADES
DECK	SHINE
DIAL	SPOT
DRESS	STROKE
DRIED	TAN
FIRE	TEA
FISH	TIMES
FLOWER	VISOR
KISSED	WORSHIPPER

93 — Sweet Treats

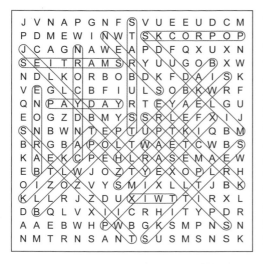

BABY RUTH
BAR NONE
BLOW POPS
CANDY CORN
JELLY BELLY
KIT KAT
KRACKLE
MILK DUDS
NERDS
PAYDAY
PEEPS
PEZ
PIXIE STIX
POP ROCKS
SKITTLES
SMARTIES
STARBURST
SWEETARTS
TWIX
TWIZZLERS
WAX LIPS

94 — Syrups

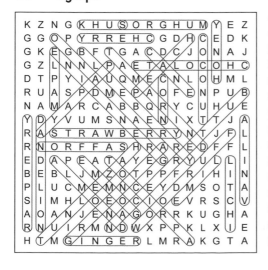

ALMOND
APRICOT
BLUEBERRY
BUTTER PECAN
CANE
CHERRY
CHOCOLATE
COCONUT
CORN
DANDELION
GINGER
GOMME
GREEN TEA
GRENADINE
HAZELNUT
HONEY
KHUS
LIME
LITCHI
MANGO
MAPLE
PAPAYA
PEACH
RASPBERRY
SAFFRON
SORGHUM
STRAWBERRY
TAMARIND
VANILLA
WOODRUFF

95 — Tablet Terms

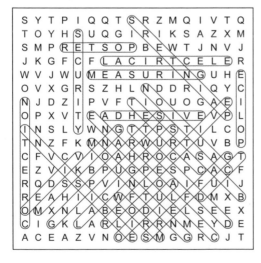

```
T  S  T  O  U  C  H  S  C  R  E  E  N  M  V  F  K
V  T  G  Z  W  Y  Y  K  Y  G  N  U  C  S  R  O  J
N  F  B  L  U  L  F  E  X  W  G  U  T  T  J  X  E
B  Y  M  U  Z  A  Q  Y  C  Z  I  Y  M  L  Q  D  T
M  S  R  R  R  N  I  B  P  R  L  K  M  J  U  G  A
P  L  C  E  R  O  J  O  Z  U  M  E  M  O  R  Y  Y
Q  C  M  M  T  I  R  A  S  C  B  N  L  A  O  L  V
M  A  L  A  N  T  Y  R  I  F  H  C  N  J  S  D  Y
C  D  X  M  A  C  A  D  I  D  E  V  B  Y  D  Z  S
H  W  Y  B  I  N  G  B  O  G  E  A  A  X  E  Z  A
R  X  L  S  F  U  N  S  A  M  V  M  T  I  A  O  X
U  E  U  X  I  F  W  R  E  F  M  C  U  K  J  R
E  M  X  T  W  A  O  E  C  E  B  O  O  K  R  Q  G
T  W  A  V  P  T  J  V  I  Y  M  L  B  T  F  E  I
Y  A  L  P  S  I  D  R  V  G  R  W  B  I  M  P  S
N  Q  S  H  T  C  I  W  E  Z  H  K  M  E  L  W  L
Z  M  T  W  Y  O  K  Y  D  X  O  T  S  O  Y  E  L
```

APPS
BATTERY
CAMERA
CLOUD
DEVICE
DISPLAY
EBOOK
FEATURES
FUNCTIONAL
KEYBOARD
MEDIA
MEMORY
MOBILE
MOVIE
MUSIC
PORTABLE
STORAGE
STYLUS
TOUCHSCREEN
WEIGHT
WI-FI

96 — Tape It Up

```
S  Y  T  P  I  Q  Q  T  S  R  Z  M  Q  I  V  T  Q
T  O  Y  H  S  U  Q  G  I  R  I  K  S  A  Z  X  M
S  M  P  R  E  T  S  O  P  B  E  W  T  J  N  V  J
J  K  G  F  C  F  L  A  C  I  R  T  C  E  L  E  R
W  V  J  W  U  M  E  A  S  U  R  I  N  G  U  H  E
O  V  X  G  R  S  Z  H  L  N  D  D  R  Q  Y  C
N  J  D  Z  I  P  V  F  T  I  O  U  O  G  A  E  I
O  P  X  V  T  E  A  D  H  E  S  I  V  E  V  P  L
I  N  S  L  Y  W  N  G  T  T  P  S  T  I  L  C  O
T  N  Z  F  K  M  N  A  R  W  U  R  T  U  V  B  P
C  F  V  C  V  I  O  A  H  R  O  C  A  S  A  G  T
E  Z  V  I  K  B  P  U  G  P  E  S  P  C  A  C  F
R  Q  D  S  S  P  V  I  N  L  O  A  I  F  U  J
R  E  A  H  I  X  C  W  F  T  U  L  F  D  M  X  B
O  M  X  N  L  A  B  E  O  D  I  E  L  S  E  E  X
C  I  G  K  L  A  R  L  I  R  R  N  M  E  Y  D  E
A  C  E  A  Z  V  N  O  E  S  M  G  G  R  C  J  T
```

ADHESIVE
AUDIO
BIAS
CARPET
CAUTION
CELLOPHANE
CORRECTION
DUCT
ELECTRICAL
GAFFER'S
INVISIBLE
MASKING
MEASURING
MOUNTING
PAINTER'S
POLICE
POSTER
REFLECTIVE
SECURITY
STRAPPING
SURGICAL
TWO-SIDED
VIDEO
WORM

97 — Tea Party

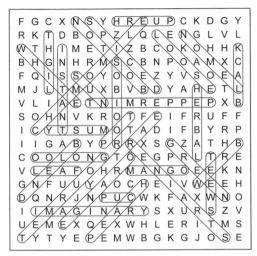

BLACK	LOOSE
BLEND	MANGO
BOSTON	MUSTY
BREW	OOLONG
CHAMOMILE	ORANGE
CUP	PEACH
EARTHY	PEPPERMINT
GOURMET	POT
GREEN	PU-ERH
HERBAL	ROOIBOS
IMAGINARY	SPICED
INSTANT	STRAINER
LEAF	SUN
LEMON	SWEET
LIGHT	WHITE

98 — The Classics

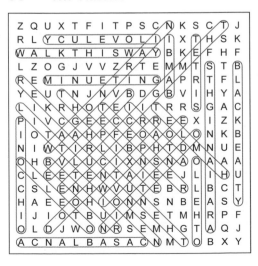

ARABIAN NIGHTS	PINOCCHIO
ATARI	RESPECT
BAMBI	ROBIN HOOD
BEEHIVE	TETRIS
BEN-HUR	THE MAGIC FLUTE
BLACK BEAUTY	THE NUTCRACKER
CASABLANCA	THE PIXIE
HAMLET	WAGON TRAIN
I LOVE LUCY	WALK THIS WAY
IVANHOE	
LITTLE WOMEN	
MINUET IN G	
NINTENDO	
OTELLO	
OTHELLO	

99 — The IN Crowd

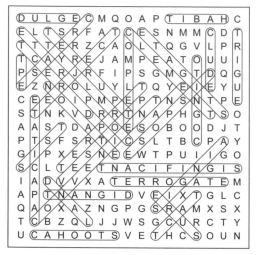

CAHOOTS
CAPACITATE
CLEMENT
CLUDE
COGNITO
COMPLETE
CONVENIENT
CORPORATE
CREASE
DIGNANT
DIRECT
DISPOSE
DULGE
EPT
HABIT

LAND
NOVATE
SANE
SIGNIA
SIGNIFICANT
SIST
STIGATE
SURE
TACT
TERJECT
TERPRET
TERROGATE
TERRUPT
TRIGUE
VEST

100 — The Mighty Pea

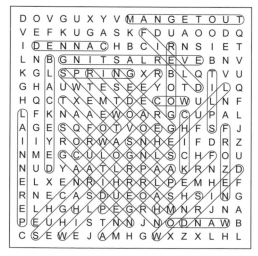

ANGOLA
AVALANCHE
BLACK-EYED
CANNED
CHICK
COW
CROWDER
DRIED
ENGLISH
EVERLASTING
FIELD
FRESH
FROZEN
GARDEN
GOOBER

GREEN
MANGETOUT
MARROWFAT
PERENNIAL
PURPLE HULL
SHOOTER
SNAP
SNOW
SOUTHERN
SPLIT
SPRING
SUGAR
SWEET
WANDO
WILD

101 — The Simpsons

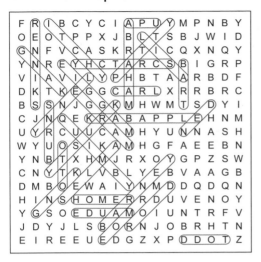

ABRAHAM	MARGE
APU	MAUDE
BARNEY	MOE
BART	NED
BURNS	OTTO
CARL	PATTY
HOMER	QUIMBY
ITCHY	RODD
KANG	SCRATCHY
KONG	SELMA
KRABAPPLE	SKINNER
KRUSTY	TODD
LENNY	
LISA	
MAGGIE	

102 — Tubular Pasta

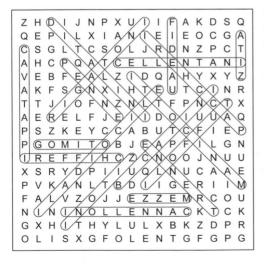

BUCATINI	TUFFOLI
CANNELLONI	ZITA
CAVATAPPI	ZITONI
CELLENTANI	
CHIFFERI	
DITALINI	
ELICOIDALI	
FIDEAU	
GOMITO	
MANICOTTI	
MEZZE	
PACCHERI	
PENNE	
RIGATONI	
TRENNE	

103 — Unique-Shaped Pasta

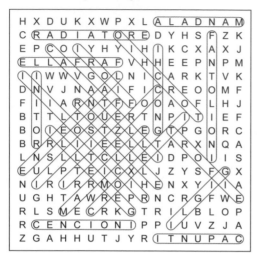

CAPUNTI
CAVATELLI
CENCIONI
CORZETTI
CROXETTI
FANTOLIONI
FARFALLE
FIORI
FUSILLI
GEMELLI
GIGLI
GNOCCHI
LANTERNE
MANDALA
MARILLE

RADIATORE
RICCIOLINI
ROTELLE
ROTINI
TORCHIO
TROFIE

104 — V Verbs

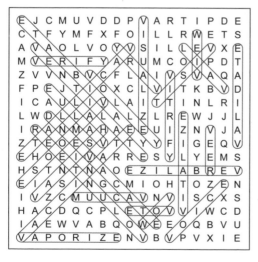

VACATE
VACCINATE
VACILLATE
VACUUM
VAIL
VALIDATE
VALUE
VAMOOSE
VANISH
VAPORIZE
VARY
VEER
VEND
VENTILATE
VERBALIZE

VERIFY
VIBRATE
VIEW
VISIT
VISUALIZE
VITALIZE
VITRIFY
VOICE
VOLLEY
VOLUNTEER
VOTE
VOW

105 — Weeds, Weeds, Weeds

```
H Y V I N O S I O P Q M C R F G X
M V T Y O N C S N L F H S L D M Z
X E G L X D B O E F I O E Y D C S
R C C B I T E R C C P E X O O E G
A U H U J M R E K K C I R T N N Z
L T A R O O N W W E L N G A A O P
J T C D S X E O F T E E L W S I C
E E W O E E A L C D E S B P E L L
P L P C D E O L L H R P U U O E Q
Q Y T K Z W W O I U A R R V R D D
T L I S E M G G P S G R E A F N A
E K J R I A H C A E D R I Y C A M
V C J K P H V E J R T T L S T D A
F I W D W T T E N F L Z B G I G U
H R T V E G Y W B B C L W L X Z D
I P C A M U S N O S I O P Z P N J
W P F D L F J J Q S V T V A A S V
```

BURDOCK
CARPETWEED
CHICKWEED
CLOVER
COCKLEBUR
DANDELION
FLEECE FLOWER
FOXTAIL
GOLDENROD
HENBIT
LIMNOCHARIS
OXALIS
PIGWEED
POISON IVY
POISON SUMAC
PRICKLY LETTUCE
PURSLANE
RAGWEED
SORREL
SOWTHISTLE
SPURGE

106 — Wh Words

```
A S O R U I C Y L E A S V M T T S
I E O Y E D R V E L L F W H M K M
Q L F K Y P Q U R S B W B O O W B
M L F R E K S I H W C H A S H B D
W O W N Q G H I F W Y W K E Y O E
Z L E E H W W V H E H H Y G R Q U
J L R L H A P W L W D I K G Y M X
X Y K T I W W T H H K F P C D C S
H M T I O H S H B E A F Y U G J V
Y I O Z A I W U E N R P Y Y N M V
C G K C H W W H I T E E M C I Z Q
A O K W H E E Z E Y H W T E L T O
P Y R I N K J N H L T E F A A N D
H C C W I I Y Z A A L T R E H L M
F H W H O K E S H O M Y H R W N S
J P O Q H N O W H I M W Q S O G X
L F S E F I Y W B L U Q Q F K H J
```

WHACKY
WHALING
WHAT
WHEAT
WHEEL
WHEEZE
WHEN
WHERE
WHETHER
WHEW
WHEY
WHICH
WHIFF
WHILE
WHIM
WHIP
WHIRL
WHISKER
WHISPER
WHISTLE
WHITE
WHOLE
WHOSE
WHY

107 — BON Words

```
T R I Q G P K E M D V R V A O W F
S J W B S G Q L B I A O K P C C C
P R O R O K Q Z O B V N Q N Q W D
H S U I D N T F N J O B O M P N Y
O J Z O G Z E B J B W N V M O H E
O V I S J N N C O U Q S D F G B I
N D H N N N N B V N U E D I L O C
G V B O N T O N I N S B E D N N C
H M B B P N B B X Z P A U Q O G C
S R I E A Y O M G C Y A I G J O I
S V Z N T N N Z D G V H I V D X K
M U Z H F D V O N W N Y S L V F Z
Z A A I S U N O B W K F Q T R A F
Y G R Q J M B Q J D E Y N A H E N
W E G A D N O B F Z B T W P T R F
W C V N O U J G G J S H S L E S O
J M P B O N A F I D E Z A Z K M E
```

BON JOVI	BONSOIR
BON TON	BONUS
BONA FIDE	BONY
BONANZA	
BONBON	
BONDAGE	
BONDING	
BONE	
BONFIRE	
BONGO	
BONJOUR	
BONK	
BONNE FOI	
BONNET	
BONSAI	

108 — Cat Activity

```
W D Z P R E T T A H C M B T F T D
I Y R N E T C P T A U V O G G X V
W Y V L D V M N U D Z N Z H K U Q
H R H U I J O L U R M S T C I M L
S O I Y H N F L W O R G F T G I H
Y E S D Z L A Q O F P S B A Q S G
H E N E Z I O R M E O W C R O Z V
K A S M Y C G S E O A U L C Z Q P
A T T A C K D L T L J Q I S L M E
F F L N H Q S Q C A K A M K R O Z
O P O D H C P R O W L A B G I T T
I J J M S M J S S I H K E E T I L
A Y U B U R Z N Z I N K N P L V K
Q R R J E F F E I E N X W Y A I B
A S F E D R C M A J I X P C K E F
O I D T X R W D N X K Z A R V U L
U M Z P N K S X M E R T M G N E Q
```

ATTACK	LICK
CHASE	LOVE
CHATTER	MEOW
CLAW	PLAY
CLIMB	POUNCE
DEMAND	PROWL
EAT	PURR
GROOM	RUB
GROWL	SCRATCH
HIDE	SLEEP
HISS	SOCIALIZE
HUNT	STALK
JUMP	
KNEAD	
LEAP	

109 — CON Words

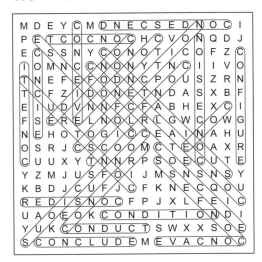

CONCAVE	CONFECTION
CONCEAL	CONFESS
CONCEDE	CONFETTI
CONCEIVE	CONFIDE
CONCESSION	CONFIGURE
CONCISE	CONFLICT
CONCLUDE	CONFORM
CONCOCT	CONFUSE
CONCRETE	CONSCIOUS
CONDENSE	CONSIDER
CONDESCEND	CONSTRUCT
CONDITION	CONTAGIOUS
CONDONE	
CONDUCT	
CONE	

110 — Conjunctions

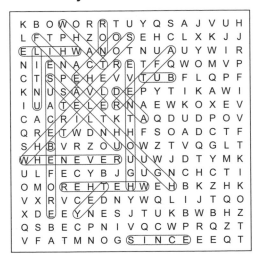

AFTER	WHAT
ALTHOUGH	WHENEVER
AND	WHEREVER
BECAUSE	WHETHER
BEFORE	WHILE
BUT	YET
EVEN IF	
EVEN THOUGH	
NOR	
ONCE	
SINCE	
SO THAT	
TILL	
UNLESS	
UNTIL	

111 — Do the Math

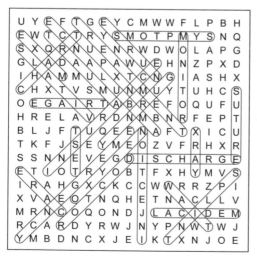

```
Q O X L J S W C T O I M T T J U I
X R B O P A Q Q U J T F E O A Q I
K K L G W Q D A Q T U C N P F U Q
O I S I U R P V V R I V P O X G K
I I T C Y S T V A S G L V L W O E
N N S C I R O T A N I B M O C N D
C Q E A P S T B F E C W Y G E P D
J S H G B C Y E D A I E A Y R D C
K V X J E D G H M J S L D O L A V
S D D L H O R C P O G E B M L B S
L N F E N F M X X E N A P C C I J
F W D Y R T Y E B W B O U C S X O
S D F W I U V R T I Z L G Y I I V
E U W O V M A D L R U Z L I Y A A
S T A T I S T I C S Y A R C R G X
I O F I N I T E G M N C K I B D R
N M I Q K Y V Y S A N B T X Y I E
```

ADVANCED
ALGEBRA
ANALYSIS
APPLIED
BASIC
CALCULUS
COMBINATORICS
FINITE
GEOMETRY
LOGIC
PHYSICS
PROBABILITY
STATISTICS
TOPOLOGY
TRIGONOMETRY

112 — ER Visit

```
U Y E F T G E Y C M W W F L P B H
E W T C T R Y S M O T P M Y S N Q
S X Q R N U E N R W D W O L A P G
G L A D A A P A W U E H N Z P X D
I H A M M U L X T C N G I A S H X
C H X T V S M U N M U Y T U H C S
O E G A I R T A B R E F O Q U F U
H R E L A V R D N M B N R F E P T
B L J F T U Q E E N A F T X I C U
T K F J S E Y M E O Z V F R H X R
S S N N E V E G D I S C H A R G E
E T I O T R Y O B T F X H Y M V S
I R A H G X C K C C W W R R Z P I
X V A E O T N Q H E T N A C L L V
M R N C O Q O N D J L A C X I D E M
R C A R D Y R W J N Y P N W T W J
Y M B D N C X J E U K T X N J O E
```

AMBULANCE
CARE
CHART
DISCHARGE
DOCTOR
EMERGENCY
EXAM
GURNEY
INJECTION
INSURANCE
MEDICAL
MONITOR
NURSE
OXYGEN
SPLINT

SUTURE
SYMPTOMS
TEST
TRAUMA
TREATMENT
TRIAGE
VITALS
WAIT
X-RAY

113 — Fall Vegetables

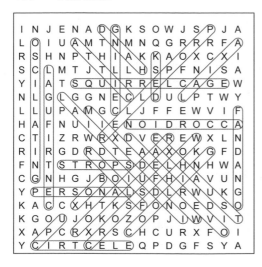

N	Q	D	V	I	G	H	Q	F	A	S	T	H	S	U	S	H
F	Z	C	B	Y	Q	X	H	T	Z	H	N	T	A	A	W	W

BEETS
BROCCOLI
BUSH SNAP BEAN
CABBAGE
CARROTS
CAULIFLOWER
CHARD
KOHLRABI
LETTUCE
MUSTARD
ONIONS
RADISHES
RUTABAGAS
SPINACH
TURNIPS

114 — Fan Club

ACCORDION
ATTIC
AXIAL
BOX
CEILING
CENTRIFUGAL
COOLING
CPU
CROSS FLOW
DESK
ELECTRIC
EXHAUST
FANDANGO
FLOOR
HAND

INDUSTRIAL
MIXED FLOW
OSCILLATING
OVERHEAD
PERSONAL
PROPELLER
RADIATOR
SPORTS
SQUIRREL-CAGE

115 — Fruits

APPLE	NECTARINE
APRICOT	ORANGE
BANANA	PAPAYA
CHERRY	PEACH
DATE	PEAR
DURIAN	PERSIMMON
FIG	PLUM
GRAPE	SATSUMA
GUAVE	UGLI
KIWI	
KUMQUAT	
LEMON	
LIME	
LYCHEE	
MANGO	

116 — Horns

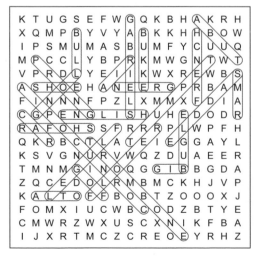

AIR	LONG
ALTO	PRONG
BIG	RAMS
BUGLE	SADDLE
BUKKE	SHOE
BULL	SHOFAR
CAR	TROMBONE
CORNUCOPIA	TRUMPET
ENGLISH	TUBA
FLOWER	
FLUGEL	
FOG	
FRENCH	
GABRIEL'S	
GREEN	

117 — In the Wash

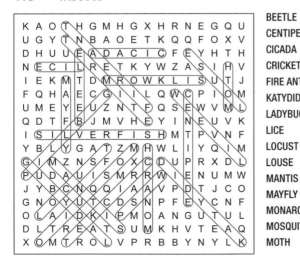

A E J B U H B T P B E U Z O O N M
O T N O C C X B Q H J K T K H G S
F A W S O A K F R V P U M O D W N
L C Y C L E Y F S D U W S I B H K
R I Y A O L A R V N E P O G A I D
X L M R R B A U D L I J R L Q T K
D E T E R G E N T N M F X Z E E F
F D S I D L F N C U T Q M V S W
C N C N H I E E V T L A P Y I Q U
T O H L I G U M P Y U E L Y O O X
N K L G G R G M R I R B E T A T T
T C S D H O R R L A Q E W J P Y J
R T C N D I Z J T J W H Z O U N O
P F J J A D O U B T S X O X O Q W
H A W A Z A R E T A W V G T N L V
S G D N W E E N W O I T M X B V R
C E X U L S G S R E N E T F O S G

BLEACH
COLD
COLOR
CYCLE
DELICATE
DETERGENT
FABRIC
GENTLE
HIGH
HOT
LAUNDRY
LOW
MEDIUM
RINSE
SOAK
SOFTENER
SPIN
TEMPERATURE
TUB
WARM
WASH
WATER
WHITES
WOOL

118 — Insects

K A O T H G M H G X H R N E G Q U
U G Y T N B A O E T K Q Q F O X V
D H U U E A D A C I C F E Y H T H
N E C I L R E T K Y W Z A S I H V
I E K M T D M R O W K L I S U T J
F Q H A E C G I L Q W C P I O M
U M E Y E U Z N T F Q S E W V M L
Q D T F B J M V H E Y I N E U V K
I S I L V E R F I S H M T P V N F
Y B L Y G A T Z M H W L I I Y Q M
G I M Z N S F O X C D U P R X D L
P U D A U I S M R R W E N U M W
J Y B C N Q Q I A A V P D T J C O
G N O Y U T C D S N P F E Y C N F
O L A I D K I P M O A N G U T U L
D L T R E A T S U M K H V T E A Q
X O M T R O L V P R B B Y N Y L K

BEETLE
CENTIPEDE
CICADA
CRICKET
FIRE ANT
KATYDID
LADYBUG
LICE
LOCUST
LOUSE
MANTIS
MAYFLY
MONARCH
MOSQUITO
MOTH
PILLBUG
SILKWORM
SILVERFISH
TERMITE
WASP
WEEVIL

119 — Lasagna

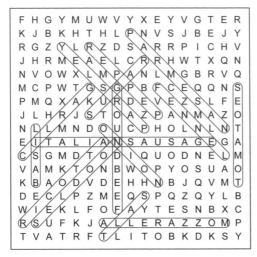

BASIL
FENNEL
GARLIC
GROUND BEEF
ITALIAN SAUSAGE
MOZZARELLA
NOODLES
ONION
PARMESAN
PARSLEY
PEPPER
RICOTTA
SALT
SUGAR
TOMATOES

120 — Lunch Is Served

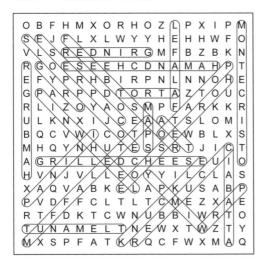

CAPRESE
CIABATTA
CUCUMBER
FALAFEL
GRILLED CHEESE
GRINDER
GYRO
HAM AND CHEESE
HAMBURGER
HORSESHOE
KNUCKLE
MONTE CRISTO
MUFFALETTA
PANINI
PINWHEEL

POTATO
ROAST BEEF
SLOPPY JOE
SPAM
TEA
TORTA
TUNA MELT
WIMPY
WRAP

121 — MON Words

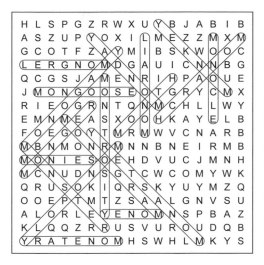

MONARCH
MONASTERY
MONDAY
MONETARY
MONEY
MONGER
MONGOOSE
MONGREL
MONIES
MONKEY
MONOCLE
MONOGAMY
MONOGRAM
MONOPOLY
MONORAIL

MONSTER
MONSTROSITY
MONTH

122 — Picnic

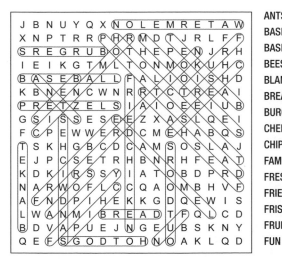

ANTS
BASEBALL
BASKET
BEES
BLANKET
BREAD
BURGERS
CHEESE
CHIPS
FAMILY
FRESH AIR
FRIED CHICKEN
FRISBEE
FRUIT
FUN

HOT DOGS
LEMONADE
MEMORIES
OUTDOORS
POTATO SALAD
PRETZELS
RECREATION
ROMANTIC
SANDWICHES
SODA
TABLECLOTH
WATERMELON

123 — Rug Burn

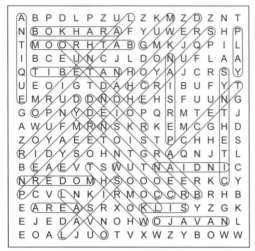

ACCENT
ANTIQUE
AREA
BATHROOM
BEAR SKIN
BOKHARA
CHINESE
COTTON
COUNTRY
DESIGNER
HAND-MADE
HOOKED
INDIAN
MODERN
MUG

NAVAJO
ORIENTAL
OUTDOOR
OVAL
PERSIAN
PLAY
PRAYER
ROUND
SILK
SISAL
SQUARE
SYNTHETIC
THROW
TIBETAN
WOOL

124 — Spice It Up

ALLSPICE
ARROWROOT
BASIL
CAYENNE
CILANTRO
CINNAMON
CLOVES
CORIANDER
CUMIN
CURRY
GARLIC
GINGER
NUTMEG
OREGANO
PAPRIKA

PEPPER
ROSEMARY
SAFFRON
SAGE
SALT
THYME

125 — Think Big

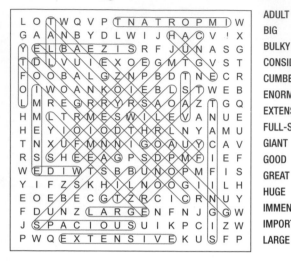

ADULT
BIG
BULKY
CONSIDERABLE
CUMBERSOME
ENORMOUS
EXTENSIVE
FULL-SIZE
GIANT
GOOD
GREAT
HUGE
IMMENSE
IMPORTANT
LARGE

LIFE-SIZE
LOFTY
ROOMY
SIGNIFICANT
SIZEABLE
SPACIOUS
SUBSTANTIAL
TALL
TOWERING
VAST
WHOPPING
WIDE

126 — Wall Décor

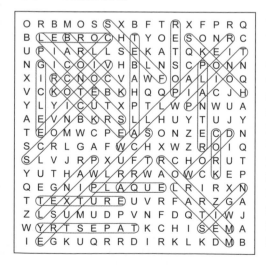

ALPHABET
ART
BRICK
CLOCK
CORBEL
CORK
GICLEE
HOOKS
METAL
MIRROR
PAINT
PANEL
PICTURE
PLANTER
PLAQUE

POSTER
ROCK
SCONCE
SCULPTURE
SHELF
SIGN
STENCIL
TAPESTRY
TEXTURE
VOTIVE
WALLPAPER
WOOD